“互联网＋”助力大学生就业创业的路径与策略研究

张日益　陆依伦　王新萍　著

中国商业出版社

图书在版编目(CIP)数据

“互联网+”助力大学生就业创业的路径与策略研究 / 张日益，陆依伦，王新萍著. -- 北京 ：中国商业出版社，2024. 6. -- ISBN 978-7-5208-2982-3

Ⅰ. G647.38

中国国家版本馆 CIP 数据核字第 2024S32X33 号

责任编辑：朱丽丽

中国商业出版社出版发行

（www.zgsycb.com　100053　北京广安门内报国寺 1 号）

总编室：010－63180647　编辑室：010－63033100

发行部：010－83120835/8286

新华书店经销

北京虎彩文化传播有限公司印刷

*

787 毫米×1092 毫米　16 开　7.75 印张　135 千字

2024 年 6 月第 1 版　2024 年 6 月第 1 次印刷

定价：45.00 元

* * * *

（如有印装质量问题可更换）

前　言

随着信息技术的飞速发展，互联网已深度渗透到社会的各个角落，不仅极大地改变了人们的生活方式和工作模式，也为大学生就业创业带来了前所未有的机遇和挑战。特别是在“互联网＋”战略的推动下，互联网与传统行业的深度融合，催生了大量新兴业态和就业岗位，为大学生就业创业开辟了新的路径。我国高等教育已进入大众化阶段，大学毕业生人数逐年攀升，就业压力日益增大。大学生创业意愿高涨，但其创业资源、经验和能力相对不足，创业成功率不高。因此，如何充分利用“互联网＋”时代的资源优势，有效地推动大学生就业创业，已成为当前高等教育和社会各界关注的焦点。

本书从大学生就业创业的基本理论入手，分别对“互联网＋”时代大学生就业创业的新模式、“互联网＋”助力大学生就业创业的路径探索、“互联网＋”助力大学生就业创业的策略研究进行了探讨，最后对高校促进“互联网＋”大学生就业创业的保障机制进行了研究。希望本书能够在“互联网＋”助力大学生就业创业的路径与策略研究方面为读者提供参考与借鉴。

本书主要汇集了笔者在工作、实践中取得的一些研究成果。在撰写过程中，笔者参阅了相关文献资料，在此谨向其作者深表谢忱。

由于水平有限，加之时间仓促，书中难免存在一些不足和疏漏，敬请广大读者批评指正。

著　者

2024 年 6 月

目 录

第一章 大学生就业创业的基本理论

第一节 大学生就业创业的整体情况

一、大学生就业创业的现状分析

(一)就业率与就业质量的现状

目前,大学生就业形势总体向好。教育部统计数据显示,2022 届普通高校毕业生总规模约达 1076 万人,同比增加 167 万人。尽管就业压力持续加大,但在政策支持和高校毕业生就业工作的共同努力下,大学生就业率仍然保持了较高水平。然而,就业率的高位运行并不意味着就业质量的全面提升。

当前大学生就业仍然存在一些亟待解决的问题。一方面,就业结构性矛盾较为突出。部分行业和地区人才供需失衡,如计算机、新能源、智能制造等领域人才紧缺;一些传统行业则面临就业岗位萎缩的困境。另一方面,毕业生就业预期与现实存在一定差距。不少大学生对就业岗位的薪酬待遇、工作地点等有较高期望,但现实情况难以完全满足,导致“慢就业”、频繁跳槽现象时有发生。

提高大学生就业质量,需要多方协同发力。高校应该进一步推动教育教学创新发展,优化专业结构,提高人才培养质量。高校可通过加强校企合作、产教融合,让大学生及早了解行业发展动态,培养符合市场需求的应用型人才。用人单位要树立正确的用人导向,完善招聘流程,为毕业生提供公平、公正的就业机会。在岗位设置、薪酬待遇等方面充分考虑毕业生的实际需求,建立科学合理的职业发展通道。相关部门要加大政策支持力度,引导毕业生到基层、到西部、到祖国最需要的地方建功立业。

(二)创业率与创业成功率的现状

在当前的就业形势下,大学生创业已经成为一种重要的就业选择。尽管大学生创业的总体比例还较低,但近年来呈明显的上升趋势。这一趋势的形成,既有大学生自身创业意识增强的因素,也得益于国家政策的大力支持和社会环境的日益改善。

大学生创业虽然前景广阔，但成功率却不容乐观。究其原因，主要有四点：第一，大学生普遍缺乏创业经验和管理能力，难以应对创业过程中的各种挑战；第二，大学生创业项目大多规模较小、技术含量不高，缺乏核心竞争力；第三，大学生创业融资渠道狭窄，容易出现资金链断裂的问题；第四，部分高校创业教育脱离实际，难以为大学生创业实践提供有效的指导。

面对这些困难和挑战，各界正在积极采取措施，帮助大学生提升创业成功率。一方面，高校加强创新创业教育，开设创业课程、组织创业大赛、搭建创业平台，为大学生创业实践提供全方位支持；另一方面，地方政府出台优惠政策，在税收减免、资金扶持、孵化培育等方面对大学生创业项目给予倾斜。一些成功的大学生创业项目不断涌现，成为激励更多大学生投身创业的典范。

二、大学生就业创业的特点研究

(一)年轻化与多样化

随着高等教育的普及和大学生群体的扩大，越来越多的青年学子走出校园，开启职业生涯。这一代大学生成长于互联网时代，思维活跃，个性鲜明，价值观多元，对职业发展有着与前辈不同的期许和追求。他们渴望在工作中实现自我价值，追求灵活多变的职业路线，希望通过个人奋斗改变命运。

从就业领域来看，当代大学生的选择日趋多样化。伴随产业结构调整和新兴行业崛起，财经、法律、教育、医疗等传统就业领域的吸引力有所下降，而互联网、新媒体、生物工程、人工智能等新兴行业备受青睐。不少大学生瞄准前沿技术和未来产业，以敏锐的洞察力和开拓创新的精神投身相关领域。文化创意、社会服务、生态环保等领域也吸引了众多有理想、有情怀的毕业生。他们希望在职业生涯中践行社会责任，推动可持续发展。

从就业形式来看，灵活多样已然成为新的常态。在"互联网+"的时代背景下，越来越多的大学生选择通过网络平台实现远程工作、自由职业，或从事多重身份的混合就业。他们不再满足于朝九晚五的固定工作模式，而是追求更高的自主性和灵活性。创业也成为许多大学生的职业选择。随着"大众创业、万众创新"的号召，以及创业教育、创业孵化等扶持政策的出台，众多怀揣梦想的青年学子投身创业大潮。

大学生就业创业的年轻化和多样化趋势，既反映了时代发展的必然要求，也对高校就业创业教育提出了新的挑战。面对日益多元的职业选择和不断涌现的新兴行业，高校应积极更新就业创业教育理念，优化专业课程设置，加强校企、校地合作，为大学生提供更加多元化、个性化的就业创业指导服务。同时，高校应注重培养大学生的创新精神和创业能力，鼓励他们把握机遇、勇于开拓，引导个性发展与社会需求相结合。

年轻大学生在就业创业过程中也面临许多现实挑战。专业技能欠缺、实践经验不足、社交网络薄弱等因素都可能制约他们顺利实现职业转型。因此，高校和社会各界应进一步完善相关政策，搭建多元化发展平台，为大学生营造更加包容、更可期的就业创业环境；通过职业培训、在岗实践、创业扶持等举措，帮助大学生提升核心竞争力，增强职场适应能力。

（二）知识密集与创新驱动

在目前全球化、信息化和知识经济飞速发展的时代背景下，大学生所受教育的知识背景和创新能力，已经成为影响其就业创业成功与否的关键因素。高等教育阶段的系统学习，为大学生掌握专业知识、拓宽学术视野、培养创新意识提供了宝贵机会。通过深入学习专业理论知识和参与科研实践活动，大学生能够打下扎实的知识基础，形成独立思考、勇于创新的素质和能力。这些知识与能力的积累，不仅仅是大学生未来职业发展的重要支撑，更是其在就业创业中脱颖而出的关键所在。

从就业的角度来看，知识密集型产业和岗位对大学生专业素质提出了更高要求。在金融、法律、教育、科技等领域，许多职位需要应聘者具备深厚的理论功底和实践经验。这就要求大学生在校期间努力学习，全面提升自身的知识水平和专业技能。同时，许多用人单位看重应聘者的创新意识和解决问题的能力，因此大学生要重视对创新思维和能力的培养，在学习过程中勇于质疑，敢于尝试，以开放的心态接受新事物、新挑战。

从创业的视角来看，知识密集和创新驱动是大学生创业成功的必由之路。现代大学生思维活跃，勇于开拓，许多人怀揣着创业梦想，渴望在商海中一展抱负。然而，创业是一项复杂的系统工程，需要创业者具备深厚的专业知识和较强的创新能力。大学生创业者要掌握创业领域的专业知识，熟悉相关的政策规定和市场环境，以专业的姿态投身创业实践。创新能力是创业成功的关键要素。在瞬息万变的创业大潮中，只有以创新的思维审时度势，以创新的方法开拓市场，才能在激烈的竞争中胜出。大学生创业者要敏锐捕捉市场需求，以创新的眼光发现商机，以创新的产品和服务满足消费者需求。

在新一轮科技和产业创新发展中，人工智能、大数据、云计算等新兴技术正在深刻地改变着经济社会发展和人们的生产生活方式。面对这些前沿技术和新兴产业，大学生要保持开放和学习的态度，主动去了解和掌握新知识、新技能。只有与时俱进地更新知识结构，不断提升创新能力，才能在激烈的就业创业竞争中保持优势。

三、大学生就业创业的主要途径

(一)新兴就业方式的涌现

近年来，随着互联网技术的飞速发展，网络招聘、在线面试等新兴就业方式不断涌现，极大地拓宽了大学生的就业渠道。通过网络平台，毕业生可以足不出户地搜索全国乃至全球范围内的就业机会，打破地域限制，实现更加精准、高效的人岗匹配。自由职业、远程办公等灵活多样的工作方式也为大学生提供了更多的就业选择，满足了他们对工作时间、工作地点等方面的个性化需求。

(二)新兴创业途径的兴起

互联网平台和科技创新为大学生创业提供了前所未有的机遇和可能性。在移动互联网、大数据、人工智能等新兴技术的驱动下，创业的门槛大大降低，创业的模式日益多元。越来越多的大学生开始尝试利用互联网平台实现创业梦想，涌现出一批极具创新性和成长性的创业项目。

互联网平台为大学生创业提供了丰富的资源和便利的条件。众多电商平台、社交平台、在线教育平台等为大学生创业者搭建了展示自我、连接用户的舞台。通过这些平台，大学生创业者可以低成本地推广产品、获取流量、积累口碑，迅速打开市场。同时，互联网平台为创业者提供了海量的数据资源，帮助其洞察用户需求、优化产品服务，从而实现精准营销和快速成长。一些平台还专门推出了扶持大学生创业的政策和项目，为创业者提供资金支持、创业指导、人才培养等多方面的助力。

科技创新为大学生创业注入了源源不断的动力和活力。在新技术浪潮的推动下，一批具有颠覆性和引领性的创新创业项目不断涌现，改变了传统行业的格局，开创了全新的商业模式。大学生凭借敏锐的洞察力和创新思维，抓住技术创新带来的机遇,在人工智能、大数据、物联网、生物医药等领域不断探索,推出了许多极具想象力和应用前景的创新成果。这些创新项目不仅为社会发展提供了新的解决方案,也为大学生创业者带来了广阔的发展空间和巨大的成长潜力。

互联网平台和科技创新虽然为大学生创业提供了难得的机遇,但也对创业者提出了更高的要求。在瞬息万变的互联网时代,创业者需要具备敏锐的市场洞察力、过硬的技术能力、出色的应变能力,这样才能在激烈的竞争中脱颖而出。同时,大学生创业者需要注重商业模式的持续创新,在满足用户需求的同时,实现自身的快速成长和可持续发展。这就要求大学生创业者不仅要掌握扎实的专业知识,还要具备开阔的国际视野、宽广的知识面和深厚的人文素养,从多元视角审视创业机遇与挑战,制定科学的创业战略。

高校、社会各界要积极营造良好的创新创业生态,为大学生创业提供政策支持、资金扶持、创业教育、孵化服务等多个方面的保障。高校要加强创新创业教育,培养大学生的创新精神和创业能力,为大学生提供创业实践平台。社会企业、投资机构等也要积极参与,为大学生创业项目提供资源对接和发展支持。只有构建"高校搭台、企业助力、大学生主体"的创新创业生态系统,才能充分释放互联网平台和科技创新的红利,激发大学生创业的动力。

第二节 大学生就业创业的行业分布

一、互联网行业大学生就业创业现状

(一)就业创业趋势

互联网行业的迅猛发展为大学生就业创业提供了广阔的机遇和舞台。随着移动互联网和大数据时代的到来,互联网行业呈现出前所未有的繁荣景象。日益增长的市场需求、不断涌现的创新模式,为大学生施展才华、实现梦想搭建了理想平台。同时,这一行业对人才的知识结构、能力素质提出了更高的要求,大学生必须加强自身建设,提升核心竞争力,才能在激烈的竞争中脱颖而出。

从就业角度来看,互联网行业已经成为吸纳大学生就业的重要领域。随着互联网技术的普及和应用,各行各业对互联网人才的需求呈现出爆发式增长。无论是传统信息技术企业还是新兴互联网公司,都在积极招揽优秀的应届毕业生充实

员工队伍。大学生可以根据自身专业特长和兴趣爱好,选择从事技术研发、产品设计、运营推广等不同岗位,在实践中锻炼成长、实现价值。

从创业角度来看,互联网行业极大地降低了创业门槛,为大学生创新创业提供了有利条件。随着云计算、大数据等新一代信息技术的发展,创业所需的技术架构和计算资源变得越来越容易获得,极大地降低了初创企业的成本。大学生可以依托自身的专业知识和创意灵感,开发出新颖实用的互联网产品和服务,快速切入市场、抢占先机。同时,国家和社会为大学生互联网创业提供了有力支持,从政策扶持、资金援助到创业指导、平台搭建,为大学生创业保驾护航,激发他们的创新活力。

互联网行业瞬息万变,大学生只有掌握扎实的专业技能,具备快速学习的能力,才能立于不败之地。大学生需要加强自身的知识储备和能力培养,在专业领域精耕细作,同时放眼业界前沿动态,借助线上培训等渠道不断学习。互联网行业讲求协同创新,大学生还需提升团队协作、有效沟通的软实力,学会换位思考,在合作中互补共赢。

(二)主要就业岗位

在互联网行业中,技术开发、产品运营、市场营销等岗位需求旺盛,为大学生提供了多样化的就业机会。这些岗位对毕业生的专业背景、技能水平有着不同的要求,同时为他们的职业发展提供了多元化的选择。

技术开发是互联网企业的核心竞争力所在。随着云计算、大数据、人工智能等新兴技术的兴起,互联网企业对掌握前沿技术的人才的需求不断增加。计算机科学与技术、软件工程、信息安全等专业的毕业生在技术开发岗位上具有明显优势。他们不仅需要拥有扎实的编程能力和系统架构知识,还需要具备快速学习新技术、解决复杂问题的能力。那些在校期间就积极参与开源项目、技术竞赛的大学生,往往能够在激烈的人才竞争中脱颖而出,迅速成长为技术骨干。

产品运营是互联网企业实现商业价值的关键环节。产品运营人员需要深刻理解用户需求,优化产品功能和用户体验,制定有效的运营策略。这对毕业生的逻辑思维、数据分析、沟通协调等综合能力提出了较高的要求。工商管理、市场营销、统计学等专业的毕业生在产品运营岗位上有着独特优势。通过在校期间的专业学习和实践锻炼,他们能够较好地将理论知识与实际工作相结合,快速适应产品运营的工作节奏。优秀的产品运营人才不仅能够为企业带来可观的经济回报,也能在用户需求和技术创新的交织中找到个人发展的方向。

市场营销是互联网企业获取用户、拓展市场的有力武器。在信息过载的时代，出色的营销策略和执行力是企业突围而出的关键。市场营销岗位对于毕业生的创造力、沟通能力、数据敏感性等素质有着较高要求。新闻传播学、广告学、数字媒体艺术等专业的毕业生在市场营销领域有着广阔的发展空间。他们不仅精通内容创作、社交媒体运营等技能，还具备敏锐的市场洞察力和创新意识。高质量的内容营销能够为企业吸引大量忠实用户，建立良好的品牌形象；数据驱动的精准营销，则能够实现营销资源的高效配置，提高营销投入产出比。

高校应顺应互联网行业发展趋势，优化专业课程体系，加强校企合作，为大学生提供更多实践锻炼的机会。大学生应树立终身学习的理念，在扎实专业知识的同时，积极培养创新意识和跨界思维，以适应互联网行业的高速发展和变化。只有高校教育与行业需求无缝对接，人才培养与时代发展紧密相连，才能为互联网行业源源不断地输送优秀人才，为数字经济的繁荣发展提供坚实支撑。

二、文化创意产业大学生就业创业现状

(一)就业创业的特点

1.融合跨界

文化创意产业的就业创业具有鲜明的融合跨界特点，这源于其内在的产业属性和发展规律。文化创意产业是一个多学科交叉融合的复合型产业，包括文化艺术、科技创新、商业管理等多个领域。这种跨界融合的特性决定了从业者必须具备多元化的知识结构和能力素质，能够灵活运用不同学科的理论与方法，创造性地解决问题。

2.创新驱动属性

在文化创意产业中，创新是核心竞争力的源泉。无论是文化内容的原创还是传播渠道的创新，都需要从业者打破思维定式，跳出固有框架，勇于尝试新的可能。这对从业者的创新意识和创新能力提出了更高的要求。唯有不断激发创新灵感，才能在激烈的市场竞争中脱颖而出。

3.产业边界模糊和业态融合发展的趋势

随着数字技术的广泛应用和新兴业态的不断涌现，传统的产业分类已经难以

准确地描述文化创意产业的发展图景。越来越多的跨界创意项目和创新业态正在形成,如创意设计与智能制造的结合、文化艺术与科技创新的融合等。这些新业态的出现为文化创意产业注入了新的活力,也为从业者提供了更广阔的就业创业空间。

面对文化创意产业的融合跨界特点,大学生在就业创业过程中必须树立跨学科学习的理念,主动拓宽知识视野,提升多元能力素养。一是要加强文化艺术素养的培养,深入了解文化发展脉络,掌握文化创意的基本规律和方法;二是要积极学习数字技术、新媒体等前沿知识,增强对产业发展趋势的敏感性和应变能力;三是要注重创新思维的训练,养成举一反三、灵活运用的习惯,提高知识整合与再创造的能力。

除了知识能力的全面发展,大学生在就业创业过程中还需要正确地认识和把握文化创意产业的特点,调整就业创业心态和策略。大学生要以开放包容的心态看待行业的多元化发展,以创新进取的姿态投身跨界项目的实践,在动态变化的产业生态中找准自己的定位。无论是自主创业还是机构就业,都要立足产业发展需求,发挥自身特长,探索差异化、精细化的发展途径,而不能简单套用其他行业的成熟模式。

(二)主要就业岗位

文化创意产业对大学生就业岗位的需求呈现出设计类、媒介类、策划类等多样化、专业化的特征。

1.设计类岗位

随着文化创意产业的蓬勃发展,平面设计、工业设计、服装设计、环境艺术设计等领域对专业人才的需求持续攀升。这些岗位不仅要求从业者具有扎实的专业技能,而且强调创意思维和艺术素养,因此,文化创意类专业毕业生往往具有较大的就业优势。同时,数字媒体技术的广泛应用催生了大量的新媒体设计岗位,如游戏设计等,为擅长数字技术和创意设计的复合型人才提供了广阔的就业空间。

2.媒介类岗位

随着融媒体时代的到来,媒介形态日益多元,对内容生产、传播、运营等环节的人才需求不断提升。对于具有新闻传播、广告、影视制作等专业背景的大学生而言，媒介类岗位无疑是充满机遇的就业方向。他们可以在报社、杂志社、广播电视台、网络媒体等机构从事采编、节目制作、运营推广等工作，也可以选择独立创业，开拓个人品牌和自媒体事业。媒介类岗位要求从业者具备敏锐的洞察力、出色的表达能力和创新意识，以更好地把握受众需求，创造优质内容。

3.策划类岗位

文化项目策划、品牌策划、活动策划、展览策划等领域不断拓展，对专业人才的需求持续增加。这些岗位往往跨越文化艺术、商业管理、公共关系等多个学科领域，要求从业者具备全局观念和系统思维，善于整合各方资源，推动创意落地。因此，具有相关专业背景、实践经验和创新意识的大学生在策划类岗位的就业竞争中往往更具优势。他们可以在文化企业、创意机构等单位任职，参与城市文化建设、文化产业园区规划、文化品牌塑造等工作，也可以选择自主创业，为各类文化项目提供策划咨询服务。

三、生物医药行业大学生就业创业现状

（一）就业环境

生物医药产业的快速发展离不开大量优秀人才的支撑。目前，生物医药产业的就业环境呈现出研发创新和政策支持的双重优势，为大学生就业创业提供了广阔的舞台。

从研发创新的角度来看，生物医药产业正处于快速发展的黄金期。随着现代生物技术的不断突破，新药研发、基因工程、细胞治疗等取得了重大进展，对相关人才的需求也日益增加。大学生凭借扎实的专业基础和创新意识，为生物医药产业的发展贡献力量。同时，生物医药企业越来越重视自主创新能力，纷纷加大研发投入，建立高水平的研发平台，这为大学生提供了施展才华的良好环境。在这样的氛围中，大学生不仅能够参与前沿科研项目，还能接受企业导师的指导，快速成长为生物医药领域的专业人才。

从政策支持的角度来看，国家高度重视生物医药产业发展，出台了一系列扶持政策，为大学生就业创业营造了良好的制度环境。各地政府也纷纷制定了生物医药产业发展规划，在人才引进、税收优惠、金融支持等方面给予政策倾斜。这些政策的实施，极大地激发了大学生投身生物医药领域的热情。许多地方还专门建

立了大学生创业孵化基地，为大学生提供全方位的创业支持，帮助他们将创新理念转化为现实生产力。在相关部门的大力扶持下，越来越多的大学生选择在生物医药领域创业，催生了一大批充满活力的创新型企业。

生物医药产业对从业人员的专业素质提出了较高的要求。一方面，在生物医药领域，知识更新速度快，跨学科融合趋势明显，这对大学生的知识广度和学习能力提出了更高的要求；另一方面，生物医药产业对产品安全性和有效性的要求极为严格，大学生创业者需要具备严谨的科研态度和职业操守。因此，大学生要不断加强自身学习，紧跟学科前沿。同时，要加强与企业、科研机构的产学研合作，在实践中增长才干。

(二)主要就业岗位

生物医药产业是国民经济的重要组成部分，其发展水平直接关系人民群众的身体健康和生活质量。随着我国经济社会的快速发展和人口老龄化进程的加快，生物医药产业迎来了前所未有的发展机遇。作为一个知识密集型、技术密集型和资金密集型行业，生物医药产业对人才的需求日益增长。在这一背景下，生物医药行业已经成为大学生就业创业的热门领域。

1.研究与开发

新药研发是一个复杂的系统工程，涉及药物发现、临床前研究、临床试验等多个环节，对从业人员的专业知识和创新能力提出了很高的要求。在新药研发领域，药物化学、药理学、药剂学等专业背景的人才备受青睐。他们通过设计合成先导化合物，优化药物结构，开展成药性和药代动力学评价，最终获得临床候选化合物。随着生物技术的迅猛发展，生物药物研发呈蓬勃发展的态势。基因工程、细胞工程、发酵工程等生物技术专业的毕业生在抗体药物、重组蛋白药物、疫苗等领域大有可为。

2.临床试验

临床试验是新药研发中至关重要的一环，直接关系新药能否成功上市。在这一领域，临床医学、药学、护理学等医学背景的人才发挥着不可或缺的作用。他们参与临床试验方案的设计，组织实施和管理临床试验过程，负责受试者的招募、随访和安全性评估，确保试验质量和数据的真实性、完整性。统计学专业的毕业生在临床数据管理和统计分析方面也有广阔的就业前景。

3.药品生产

药品生产质量直接关系患者用药安全，对从业人员素质有着严格要求。在这一领域，制药工程、生物制药等工科专业的毕业生备受企业青睐。他们运用现代化的生产工艺和质量控制技术，优化生产流程，提高生产效率和产品质量，确保药品的安全性、有效性和稳定性。药品注册、认证等质量管理领域也为药学、分析化学等相关专业的毕业生提供了广阔的就业空间。

4.营销

在新医改背景下，医药营销模式正在发生深刻变化，对营销人才提出了新的要求。药学专业毕业生凭借扎实的专业知识，在学术推广、处方药营销等领域具有独特优势。具有市场营销、管理学等专业背景的毕业生则在品牌推广、终端管理等方面大有作为。他们运用现代营销理念和策略，开拓市场，树立品牌，提升企业核心竞争力。

四、新能源行业大学生就业创业现状

(一)就业市场概况

新能源产业的蓬勃发展离不开政府的政策支持和市场需求的有力拉动。随着技术的进步和成本下降，新能源的市场需求呈快速增长的态势。政策推动和市场拉动的双轮驱动，为新能源产业的发展创造了良好的外部环境。

从政策层面来看，政府高度重视新能源产业的发展，将其作为国家战略性新兴产业。近年来，国家相继出台了一系列支持新能源产业发展的政策法规，涵盖了财政补贴、税收优惠、电价支持等多个方面。在光伏发电领域，国家先后出台了光伏扶贫、分布式光伏、领跑者计划等一系列支持政策。这些政策为光伏产业的健康发展提供了强有力的保障。

从市场需求来看，随着环保意识的提升和能源结构的调整，新能源电力的市场占有率不断提高。例如，在光伏发电领域，随着光伏组件价格的下降和光伏发电系统效率的提升，光伏发电已在许多地区具备了与传统能源竞争的经济性。随着技术的进步和成本的下降，光伏发电将在我国能源电力体系中扮演越来越重要的角色。随着陆上风电场址日益紧缺，海上风电凭借丰富的开发潜力，已成为风电产业新的增长点。随着海上风电技术的不断成熟和开发成本的持续下降，未来海上风电有望迎来爆发式增长。

尽管清洁能源政策和市场需求为新能源产业的发展提供了有利条件，但新能源的大规模应用仍面临技术、成本、消纳等诸多挑战。光伏、风电等新能源的波动性和间歇性特点，对电网调峰调频能力提出了更高要求。同时，新能源发电成本虽已大幅下降，但在平价上网、市场化竞争方面仍有待进一步提升。

（二）主要就业岗位

新能源行业作为国家战略性新兴产业，在实现能源结构优化、推动经济社会可持续发展方面发挥着重要作用。在新能源行业蓬勃发展的背景下，技术研发、工程管理、项目运营等职位具有广阔的发展前景，为大学生提供了多元化的就业选择和创业机会。

1. 技术研发

新能源技术日新月异的发展，对高素质技术研发人才的需求不断增加。在光伏、风电、氢能等新能源领域，技术研发人员需要具备扎实的理论基础和实践能力，深入研究新型能源材料、储能技术、能源转换技术等前沿课题。同时，技术研发人员需要具备创新意识和解决问题的能力，以应对新能源技术发展过程中的各种挑战。大学生凭借在校期间学习的专业知识和研究能力，可以在新能源技术研发岗位上充分发挥才干，为新能源产业的技术进步贡献力量。

2. 工程管理

新能源工程项目通常规模大、周期长、涉及面广，对工程管理人员的综合素质提出了较高要求。工程管理人员需要具备扎实的工程技术知识，熟悉项目管理流程，掌握成本控制、进度管理、质量管理等方面的技能。新能源工程管理还需要协调各方资源，处理复杂的利益关系，这对管理人员的沟通能力和领导力也提出了挑战。大学生通过在校期间参与项目实践、社团活动等，可以锻炼组织协调能力，培养系统思维，为胜任新能源工程管理岗位打下基础。

3. 项目运营

项目运营是新能源行业链条的重要环节，直接关系新能源项目的经济效益和社会效益。项目运营人员需要深入研究能源市场动态，制定合理的电价政策和竞价策略，优化电站运行方案，提高新能源的利用效率和市场竞争力。同时，项目运营涉及与相关部门、电网公司、用户等多方主体的沟通协调，需要运营人员具备良好的市场洞察力和谈判能力。大学生可以发挥自身的专业特长，利用在经济学、管理学、金融学等领域学习的知识，为新能源项目运营提供智力支持，实现自身价值。

新能源行业的快速发展为大学生创业提供了广阔的舞台。在政策支持和市场需求的双重驱动下，新能源领域涌现出许多创新创业机会，吸引了众多大学生投身其中。大学生可以根据自身的专业特长和兴趣爱好，选择光伏发电、风力发电、生物质能利用等细分领域开展创业，也可以在新能源技术服务、咨询、金融等衍生领域寻找商机。在创业过程中，大学生不仅能够锻炼自身的创新能力和管理能力，还能为新能源产业注入新的活力，推动行业持续进步。

第三节　大学生就业创业的影响因素

一、个人因素对大学生就业创业的影响

（一）教育背景与专业技能

受教育程度的高低直接关系个人知识储备的丰富程度，也在一定程度上反映了个人的认知能力和学习潜力。一般而言，受教育程度越高，所掌握的专业知识和技能就越扎实，在就业市场上的竞争力也就越强。研究表明，本科及以上学历的大学生在就业过程中具有明显优势，他们不仅在就业率和起薪水平上高于专科生，在职业发展空间和晋升速度上也更胜一筹。这主要是因为高学历者接受了更为系统、深入的专业训练，具备了更强的分析问题、解决问题的能力，能够更快地适应职场环境，胜任更具挑战性的工作。

除了受教育程度，专业对口与否也是影响大学生就业的重要因素。对口专业的学习使大学生掌握了与职位要求相匹配的知识和技能，更容易满足用人单位的需求。相比之下，非对口专业的大学生在求职时可能面临知识结构不完整、基本功不扎实的问题，需要花费更多时间和精力去补充和完善。

专业技能的高低与大学生的职业发展密切相关。所谓专业技能，既包括通过系统学习获得的理论知识，也包括在实践中锻炼出的动手能力。前者奠定了扎实

的专业基础，使个人具备较强的逻辑思维和创新潜力；后者强调将知识转化为解决实际问题的能力。两者的有机结合，是大学生获得竞争优势、实现自身价值的关键。以计算机专业为例，编程能力就是最为核心的专业技能之一。一名优秀的程序员不仅要精通各种编程语言和开发工具，还要能够快速理解需求，并转化为高质量的代码。这就需要大学生在扎实掌握理论知识的基础上，不断通过实践项目、技术竞赛等锻炼和提升动手能力。许多用人单位在招聘时都会重点考察应聘者的专业技能水平，并将其作为判断应聘者胜任力的重要依据。

在创业过程中，专业背景的作用更加凸显。由于创业项目往往与创业者的专业背景密切相关，专业知识和技能的积累在很大程度上影响着创业的成功与否。一方面，系统的专业学习有助于创业者快速洞察行业痛点，捕捉创业机会。以深谙行业发展规律、市场需求动向为基础，创业者能够更加精准地选择切入点，制定差异化的发展战略。另一方面，专业技能的积累为创业实践提供了有力支撑。以专业优势为核心竞争力，创业者能够研发出更具特色、更能满足市场需求的产品或服务，从而在激烈的市场竞争中占据有利地位。良好的专业背景有助于创业者整合各种创业资源。相关领域的从业经验和人脉积累，往往能够帮助创业者快速搭建起资金、技术、人才等支持网络，为创业的顺利开展提供保障。

良好的教育背景和专业技能并非就业创业成功的唯一要素。个人品质、实践经验、社会资源等因素也发挥着不容忽视的作用。因此，大学生在注重提升自身专业素质的同时，应着力锻炼创新意识、沟通协作、抗压适应等综合能力，并积极参与各类实践活动，增强履历的竞争力。只有全面发展、多管齐下，才能在复杂多变的就业创业环境中赢得主动，实现理想的职业发展目标。

（二）创新能力与创业意识

具备创新意识的大学生往往能够敏锐地捕捉市场机遇，发现企业运营中存在的问题，并提出有效的改进措施。他们不满足于现状，勇于挑战自我，敢于尝试新事物。这种进取精神和开拓意识，使其在创业过程中能够不断开辟新的领域，拓展业务范围，赢得竞争优势。

创新能力的培养需要系统的教育和实践。在校期间，大学生应积极参与各类创新创业大赛、科研项目、社会实践等活动，锻炼独立思考、团队协作、解决问题等能力。同时，高校应完善创新创业教育课程体系，开设创意思维训练、商业计划书撰写、创业模拟实训等实践类课程，为大学生提供施展才华的舞台。鼓励大学生进行跨学科学习，了解不同领域的前沿动态和发展趋势，拓宽知识视野，也是高校培养大学生创新意识的有效途径。

创新能力是就业创业成功的助推器。在“大众创业、万众创新”的时代背景下，越来越多的企业开始重视员工的创新潜力，将其作为招聘和选拔的重要标准。那些具备创新意识和创新能力的大学生，往往能够在激烈的人才竞争中脱颖而出，获得更多的就业机会和更大的发展空间。

（三）人际交往与沟通能力

在现代职场环境下，良好的人际关系和出色的沟通技巧已经成为个人职业发展的重要助力。无论是求职面试、团队协作，还是领导管理，都离不开人际交往的艺术和沟通表达的能力。

对于大学生而言，在校期间积极参与各类社会实践和社团活动，不仅能够拓宽视野、增长见识，而且能锻炼其与人相处、化解矛盾的能力。通过与不同背景、不同专业的同学交流，大学生能够学会换位思考，提高情商和同理心，为未来职场中的人际交往奠定良好基础。同时，在社团活动中担任领导职务，能够锻炼大学生的沟通协调和统筹规划能力，提升其领导力和凝聚力。

良好的人际关系是职场生存和发展的基石。一个善于沟通、懂得分寸的员工，往往更容易获得同事和上级的信任与支持，在团队中发挥更大的作用。反之，一个孤僻冷漠、不善表达的员工，即使能力出众，也难以融入集体，影响其职业前景。因此，大学生要重视人际交往能力的培养，学会用真诚、友善的态度对待他人，用智慧、机敏的语言化解矛盾，用包容、欣赏的心态对待差异。大学生只有不断提升情商和沟通技巧，才能在未来职场中游刃有余、脱颖而出。

良好的人际关系能为大学生创业提供重要的资源支持。创业是一项复杂的系统工程，需要整合各个方面的资源和力量。一个人脉广泛、善于沟通的创业者，更容易获得投资人的青睐、合作伙伴的支持以及客户的信赖。通过与不同领域的人士交流，创业者能够开阔思路、捕捉商机，为创业项目注入新的活力。同时，良好的沟通能力有助于创业者化解团队内部矛盾，凝聚员工士气，提升企业的凝聚力和向心力。

培养良好的人际交往与沟通能力，需要大学生在日常生活和学习中不断实践和反思。一是要学会换位思考，站在对方的角度去理解和体谅；二是要学会倾听，耐心听取他人意见，给予积极回应；三是要学会表达，用清晰、得体的语言来阐述自己的观点，传递正能量；四是要学会尊重，欣赏个体差异，包容不同观点。只有在不断的实践中总结经验、提升修养，才能真正掌握人际交往的艺术。

二、学校因素对大学生就业创业的影响

(一)教育资源与实践机会

1. 教育资源

高校需要为大学生提供丰富多样的课程资源,涵盖基础理论知识、前沿科技发展、跨学科融合等内容,以拓宽大学生的知识视野,激发其创新灵感。同时,高校应加强实验室、图书馆、在线学习平台等教学设施的建设,为大学生的自主探索和深度学习提供便利条件。优质的教育资源能够为大学生的创新实践奠定坚实的知识基础,提供必要的技术支持。

2. 实践机会

高校应积极搭建产学研合作平台,为大学生提供实习实训、科研项目、创业孵化等多元化的实践渠道。通过参与真实的工程项目、科学研究,大学生能够将所学知识与实际应用相结合,培养动手实践能力和创新意识。同时,在实践中遇到的困难和挫折,能锻炼大学生的意志品质,提升其面对挑战的勇气和决心。丰富的实践机会不仅能增强大学生的就业竞争力,还能激发其创业热情,为未来的职业发展奠定基础。

教育资源与实践机会是相辅相成、缺一不可的。高校应统筹规划,在夯实理论教学的同时,拓展实践育人途径。例如,高校可以建立创新创业学分认定机制,鼓励大学生参与各类竞赛、发明创造等活动;可以设立大学生创新创业基金,为优秀项目提供资金支持;可以定期举办创新创业讲座、工作坊,邀请行业专家、优秀校友分享经验,引导大学生拓展思路。

(二)就业创业辅导服务

高校就业创业辅导服务通过提供全方位、个性化的指导,帮助大学生认清自我、明确目标,掌握求职创业技能,提升职业素养,进而顺利实现从校园到职场的过渡。然而,当前高校就业创业辅导服务的有效性仍面临诸多挑战。一方面,部分高校对就业创业辅导工作重视程度不足,缺乏专业化、系统化的服务体系和人才队伍,导致辅导质量难以保证;另一方面,大学生参与辅导的主动性和针对性不

强，对辅导服务的认知和利用程度有限，难以真正受益。

为切实提升高校就业创业辅导服务的有效性，高校需要加强制度建设，完善工作机制。高校应将就业创业辅导纳入人才培养全过程，制订科学规范的工作方案和评估标准，建立专兼结合的辅导队伍，为开展高质量服务工作提供坚实保障。同时，要创新服务内容和形式，提供个性化、精准化的辅导。辅导内容应紧密对接社会需求和大学生特点，涵盖职业生涯规划、求职技巧指导、创业项目孵化等各个方面；辅导形式应灵活多样，线上线下相结合，集体辅导与一对一辅导相衔接，满足大学生的差异化需求。

加强校企合作、拓展实践平台是提升辅导有效性的重要途径。高校应主动对接行业企业，邀请企业人力资源专家、创业成功者参与辅导，为大学生提供职场体验和实践锻炼机会。通过参加校企合作项目、基地实习实践等，大学生能够近距离感受职场环境，了解行业发展动态，积累就业创业经验，提高职业适应能力。

就业创业辅导服务的有效开展离不开大学生的积极参与和主动实践。大学生要树立终身学习理念，加强自我认知和职业生涯管理，主动寻求辅导帮助，将所学知识和技能内化为自身职业素养。只有辅导供给和需求有效对接，大学生才能从就业创业辅导中获得最大收益，为未来职业发展奠定坚实的基础。

（三）校园文化与氛围

良好的校园文化能够营造积极向上、鼓励创新的氛围，激发大学生的创业热情和就业动力。高校应该充分发挥校园文化的育人功能，将就业创业教育融入校园文化建设之中，努力打造有利于大学生全面发展的文化生态。

1.校园文化活动

高校可以通过开展创业大赛、就业讲座、职业规划等形式多样的校园活动，帮助大学生了解就业形势，掌握创业技能，树立正确的职业观和择业观。这些活动不仅能够拓宽大学生的就业创业视野，而且能培养其团队协作、沟通表达等职业素养。同时，生动有趣的校园文化活动有助于调动大学生参与的积极性，使就业创业教育更加深入人心。

2.校园文化氛围

高校应致力于营造开放包容、鼓励创新的校园文化氛围，建设充满活力与朝气的校园文化空间。例如，高校可以设置创客空间、创业咖啡屋等场所，为大学生提供交流思想的平台；可以在校园内张贴创业标语、就业故事等，营造积极向上的视觉文化；可以完善校园网络文化建设，建立就业创业信息发布平台，方便大学生及时获取相关资讯。良好的校园文化氛围能够潜移默化地影响大学生，使就业创业精神内化为大学生的价值追求。

高校应注重将就业创业精神融入校园文化价值体系之中。就业创业教育不应局限于技能培训，更应加强对大学生价值观念的引领。高校的校训、校风等都蕴含独特的文化价值取向，对大学生就业创业观念的形成具有重要影响。因此，高校应该在校园文化价值体系中突出创新创业、敬业乐群的理念导向，引导大学生树立正确的事业心和责任感。同时，高校要重视典型就业创业人物的宣传教育，通过先进事迹报告会、校友经验交流会等，发挥典型就业创业人物的示范引领作用，激励大学生投身就业创业实践。

三、社会因素对大学生就业创业的影响

（一）政策支持与市场环境

1.政策支持

良好的政策环境能为大学生就业创业提供制度保障，健康有序的市场环境则能为其提供广阔的发展空间。近年来，政府高度重视大学生就业创业工作，出台了一系列扶持政策，在税收优惠、资金支持、创业培训等方面给予大力支持，极大地激发了大学生创业的积极性。随着供给侧结构性创新的不断发展，市场环境日趋完善，新业态、新模式不断涌现，这为大学生就业创业创造了广阔的舞台。

2.市场环境

目前，我国经济发展进入新常态，正在经历从高速增长向高质量发展的转变。在这一过程中，新技术、新产业、新业态不断涌现，传统产业加快转型升级，市场竞争日益激烈。这些变化一方面为大学生就业创业提供了更加多元化的选择，另一方面对其能力提出了更高要求。大学生只有紧跟时代步伐，把握市场脉搏，不断提升自身素质，才能在激烈的竞争中脱颖而出。

创业是一个充满风险和挑战的过程，需要创业者具备过硬的专业能力、丰富的社会实践经验、敏锐的洞察力和拼搏奋进的精神。因此，高校在进行创新创业

教育时，不仅仅要注重理论知识的传授，更要重视大学生实践能力的培养，鼓励大学生走出校园，深入社会，了解市场需求，积累创业经验。同时，政府和社会各界要进一步完善相关配套措施，为大学生创业提供更加全面、精准的服务，助力他们实现创业梦想。

（二）社会网络与资源

在当今高度互联、信息流通的时代，拥有广泛而深厚的社会关系网络已成为大学生职业发展的关键资源之一。一个充满活力、资源丰富的社会关系网络能够为大学生提供宝贵的就业信息、创业机会和发展平台，帮助其跨越就业门槛，实现职业理想。

从就业角度来看，社会关系网络是大学生获取就业信息、寻找工作机会的重要渠道。通过与亲朋好友、师长校友的交流互动，大学生能够及时了解就业市场动态，掌握潜在的就业机会。这种非正式的信息传播方式往往比正式渠道更加高效、准确，能够帮助大学生快速锁定适合自己的职位。

从创业角度来看，社会关系网络是大学生整合创业资源、获得支持帮助的关键纽带。创业是一项复杂的系统工程，需要人才、资金、技术、信息等多个方面资源的协同。一个广泛而紧密的社会关系网络能够帮助大学生创业者及时对接所需资源，克服创业初期的种种困难。例如，通过在校师长、校友的引荐，大学生创业者能够结识业界专家，获得专业指导；通过亲朋好友的资金支持和客户推荐，他们能够缓解初创企业的资金压力，快速开拓市场。

社会关系网络能够帮助大学生拓宽视野、积累经验、提升能力。通过与不同行业、不同背景的人士交流互动，大学生能够全面了解职场环境，接触各种新知识、新思想，开阔眼界，激发潜能。

第二章 “互联网+”时代大学生就业创业的新模式

第一节 网络创业模式

一、B2C 电商创业模式

(一)业务模式解析

B2C,即 Business to Consumer 的缩写,是指企业通过互联网平台直接面向消费者销售产品或服务。这种模式打破了传统的生产商—批发商—零售商—消费者的多级销售链条,实现了商品和服务的直接流通,大大提高了效率,降低了成本。

对于大学生创业者而言,B2C 电商模式具有门槛低、投入小、灵活性强等优势。借助成熟的电商平台,创业者无须投入大量资金建设线下门店,只需注册商家账号、完善产品信息即可开展业务。B2C 模式为大学生创业者提供了广阔的市场空间。通过互联网,创业项目能够触达更多潜在用户,不受地域限制,有利于快速积累客户资源。B2C 电商具有较强的灵活性和可塑性。创业者可根据市场需求和自身优势,及时调整产品结构、营销策略等,快速适应市场变化。

要在 B2C 领域取得成功,大学生创业者必须深入理解其业务模式和运作流程。一般而言,B2C 电商的业务流程包括商品采购、仓储物流、平台运营、客户服务等环节。其一,创业者需要根据目标市场和定位,选择合适的商品品类,寻找优质供应商,确保货源稳定、质量可靠。其二,仓储和物流作为 B2C 模式的基础设施,直接影响用户体验和口碑。创业者可选择自建仓库或外包物流,但必须建立完善的库存管理和配送跟踪机制。其三,电商平台是 B2C 模式的核心阵地。从店铺装修到商品上架,从促销活动到订单处理,创业者需全面运营店铺,提升平台影响力。其四,优质的客户服务是 B2C 模式的重要保障。创业者应建立多渠道服务体系,及时响应用户咨询和售后诉求,提高客户黏性和忠诚度。

B2C 电商的盈利模式主要有四种:一是赚取购销差价,即以相对低价从供应商处采购商品,再以略高于进价的价格销售给消费者,赚取中间差额;二是收取供应商的返点佣金，即从供应商销售额中按一定比例提取佣金作为盈利来源；三是向消费者收取会员费，通过提供增值服务吸引用户付费；四是利用平台数据和流量变现，通过精准投放广告、开展数据服务等方式创收。大学生创业者需结合自身资源禀赋和行业特点，选择合适的盈利模式，并在实践中不断优化和创新。

系统剖析B2C电商的业务流程和运作模式，对于大学生创业者把握商业本质、提升经营管理能力大有裨益。只有厘清各个业务环节，洞察关键成功要素，创业项目才能在错综复杂的市场竞争中突围而出。随着移动互联网、大数据、人工智能等新兴技术的发展，B2C电商模式也在不断演进升级。这就要求大学生创业者保持开放心态和学习意识，及时了解行业动态，掌握前沿技术，将创新思维融入B2C业务的每个细节。

(二)市场分析

B2C电子商务平台作为连接生产商和消费者的桥梁，在经济发展中发挥着日益重要的作用。随着移动互联网技术的迅猛发展，B2C电商呈现新的发展态势，其目标消费群体和市场潜力值得深入分析和把握。

从目标消费群体来看，B2C电商平台的主力军是年青一代。这一群体成长于互联网时代，对于线上购物有着较高的接受度和依赖性。他们追求个性化、多样化的消费体验，注重产品品质与性价比，同时更加关注购物过程中的互动性和娱乐性。B2C电商平台要想吸引并留住这一群体，就必须深入洞察其消费心理和行为特点，不断优化产品设计和服务体验。

中老年群体是B2C电商的重要消费群体。随着智能手机的普及和使用门槛的降低，越来越多的中老年人开始尝试网上购物。相较于年轻人，中老年群体在消费决策中更加理性务实，他们看重产品的实用性和售后保障，对价格也较为敏感。同时，这一群体对于网购操作的简便性和物流配送的时效性有更高要求。B2C电商平台要想拓展这一市场，就需要在用户界面设计、支付流程、物流配送等方面作出有针对性的优化，提供更加贴心周到的服务。例如，一些平台推出了“银发模式”等老年友好型功能，大大降低了中老年人使用智能设备的难度，有效地促进了该群体的消费转化。

从市场潜力来看，B2C电商在偏远地区仍有广阔的发展空间。随着“互联网+”战略的深入实施和数字乡村建设的推进，偏远地区的网络基础设施日益完善，居民收入水平和消费能力不断提高，网购意愿也逐渐增强。这些地区的消费者对品牌的认知度相对较低，更加关注产品的性价比。B2C电商平台可以通过与当地特色产业合作,开展"农产品进城"和"工业品下乡"等活动,既能满足城乡居民的消费需求,又能助力地方经济发展。

跨境电商是B2C电商的重点发展方向。随着消费者对海外商品需求的日益增长,B2C平台积极布局跨境业务,与海外品牌商、供应商建立合作关系,丰富商品种类,满足了消费者的多元化需求。相较于传统的海淘模式,B2C跨境电商在品质保障、物流时效、售后服务等方面具有明显优势,深受消费者青睐。

(三)成功策略

B2C电商创业的成功离不开精准有效的营销手段与优质的客户体验。在激烈的市场竞争中,B2C企业要想脱颖而出,必须精心设计营销策略,为目标消费者提供个性化、高品质的服务。

1.营销是B2C电商创业的生命线

无论是新兴品牌还是成熟企业,都需要通过营销活动吸引消费者的注意力,传达品牌理念,促进产品销售。在当前信息过载的环境下,B2C企业要想打动消费者,就必须制订精准、创新的营销方案。企业要深入了解目标消费群体的需求特点、消费习惯和偏好,以此为基础,设计出有个性化的营销内容。企业要善于利用新媒体平台,如社交网络、短视频等,通过生动有趣的形式传播品牌信息,与消费者互动交流。企业还可以借助大数据技术实现精准营销,将产品信息推送给最有可能产生购买行为的潜在客户。通过这些方式,B2C企业能够有效地提升品牌知名度和美誉度,为销售打下良好基础。

2.注重内部客户体验的优化

在电商时代,消费者对服务质量提出了更高要求。他们不仅仅关注产品本身,更看重购物过程中的体验感受。因此,B2C企业必须全方位提升服务水平,为客户创造愉悦、满意的消费体验。一方面,企业要建设易用、美观的购物网站或App,提供丰富的产品信息、清晰的购买流程和安全便捷的支付方式,让客户享受到"一站式"的购物乐趣;另一方面,企业要完善售后服务体系,快速响应客户咨询和投诉,提供无忧的退换货保障,让客户感受到企业的诚意和尊重。个性化服务也是提升客户体验的有效途径。B2C企业可以根据客户的购买记录、浏览历史等数据,为其推荐感兴趣的商品,提供贴心的购物指导,甚至定制专属优惠,让客户感受到"宾至如归"的温暖。客户体验的优化不仅能够提高客户的满意度和忠诚度，而且能带来良好的口碑效应，为企业赢得更多的市场份额。

二、C2C 电商创业模式

（一）平台特性

C2C(Consumer to Consumer)电子商务平台是指个人对个人的电子商务模式，它为个人买家和卖家提供了一个自由交易的网络平台。与传统的 B2C 电商平台相比，C2C 平台的最大特点在于其交易主体以个人为主，平台本身并不直接参与交易，而是扮演信息中介和交易撮合的角色。

C2C 平台的运作模式通常包括三个主要环节：信息发布、交易撮合和交易完成。卖家在平台上发布商品信息，包括商品描述、图片、价格等；买家通过平台搜索并浏览商品信息，与卖家进行沟通和谈判；双方达成交易，通过平台提供的支付和物流服务完成整个交易过程。在这一过程中，C2C 平台为买卖双方提供了必要的技术支持和服务保障，如用户注册认证、商品信息管理、在线支付、交易纠纷处理等。

C2C 平台的核心优势在于其提供了丰富的商品种类和灵活的交易方式。与 B2C 平台相比，C2C 平台上的商品供应主体更加多元化，囊括了各行各业的个人卖家，他们为平台带来了海量的商品信息和交易需求。这种“长尾效应”使 C2C 平台能够满足消费者多样化、个性化的购物需求，成为网络零售市场的重要组成部分。C2C 平台灵活的定价机制和议价空间，也为买卖双方提供了更多的自主权和互动可能。

（二）创新实践

随着互联网技术的不断进步以及网络用户群体的日益壮大，C2C 电商模式呈现蓬勃发展的态势。越来越多的个人卖家利用电商平台开展网上交易，实现创业梦想。C2C 电商的创新实践也不断涌现，为行业注入新的活力。

从平台建设的角度来看，C2C 电商创新实践主要体现在用户体验优化和交易安全保障等方面。一方面，电商平台不断改进界面设计，简化交易流程，为买卖双方提供更加便捷、高效的服务。例如，引入智能客服系统，实现 24 小时不间断响应用户咨询；优化搜索引擎和商品推荐算法，帮助买家快速找到心仪商品；改进支付体系，支持多样化的支付方式，满足不同用户的需求。另一方面，电商平台加强交易安全保障，完善信用评价体系，营造诚信经营的网络环境。例如，建立第三方担保交易模式，避免买卖双方直接接触资金，有效规避交易风险；健全纠纷调解机制，为买卖双方提供申诉渠道，切实维护各方权益；加强对不诚信行为的监管和惩戒，提高违规成本，净化电商生态。

从商家经营的角度来看，C2C 电商创新实践主要体现在营销策略创新和服务升级等方面。一方面，众多个人卖家积极探索网络营销新玩法，提升品牌影响力和商品曝光率。例如，利用社交媒体平台开展病毒式营销，通过有趣的文案和视频吸引消费者关注；举办限时秒杀、满减优惠等促销活动，刺激消费者下单。另一方面，C2C 商家注重服务品质提升，努力为消费者带来优质的购物体验。例如，提供个性化的商品定制服务，满足消费者的独特需求；建立完善的售后服务体系，及时处理消费者反馈，提高客户满意度；优化物流配送环节，与快递公司深度合作，提升配送时效，为消费者带来更加便捷的收货体验。

三、O2O 服务创业模式

(一)模式特点

O2O，即 Online to Offline 的缩写，指的是线上到线下的商业模式。这种模式充分利用互联网技术，打通线上和线下渠道，为消费者提供更加便捷、高效、个性化的服务体验。同时，O2O 模式为大学生创业者带来了全新的机遇和挑战。

O2O 模式的核心在于实现线上流量和线下服务的无缝对接。通过互联网平台，商家可以将自己的产品和服务信息发布到线上，吸引潜在消费者的关注；消费者则可以通过线上浏览、比较、预订等方式，找到最符合自己需求的商品或服务。这种线上互动不仅扩大了商家的覆盖范围，也为消费者提供了更多选择。但 O2O 模式的关键在于它不再只停留在线上交互上，而是将线上流量引流到线下，让消费者享受到实实在在的服务体验。这就要求商家在线下拥有完善的服务网点、专业的服务团队和高质量的服务，这样才能真正满足消费者的需求，建立起良好的口碑。

对大学生创业者而言，O2O 模式既是机遇也是挑战。一方面，互联网的普及和移动设备的广泛使用，为 O2O 创业提供了广阔的市场空间。特别是在餐饮、旅游、家政、教育等服务性行业，O2O 模式正在掀起一场革命性的创新。O2O 创业对创业者的综合能力提出了较高要求。创业者除了要有敏锐的市场洞察力和创新意识，还要具备扎实的专业技能、严谨的管理能力、出色的沟通协调能力等。特别是在线下服务环节，如何保证服务质量、控制成本、维护客户关系，都是对创业者能力的巨大考验。

成功的O2O创业离不开合理的商业模式设计。第一，创业者要明确自己的目标市场和目标客户，据此来选择合适的产品或服务；第二，要设计切实可行的盈利模式，在线上引流和线下转化之间找到平衡点，既要吸引足够的流量，又要确保合理的利润空间；第三，要建立完善的服务体系和管理机制，特别是在线下服务环节，要通过标准化和信息化手段，提高效率、降低成本、保证质量；第四，要注重品牌建设和客户维护，通过优质的产品和服务赢得消费者的信任和忠诚，形成良性循环。

（二）服务策略

O2O服务创业的成功与否，在很大程度上取决于能否提高用户参与度和转化率。随着移动互联网的普及和O2O模式的兴起，越来越多的用户开始习惯于线上浏览、线下体验的消费方式。这种消费习惯的转变为O2O服务创业提供了广阔的市场空间，但同时对其运营能力提出了更高的要求。如何在激烈的市场竞争中脱颖而出，吸引并留住用户，已经成为每个O2O创业者必须思考和解决的问题。

1.提升用户参与度

用户参与度体现了用户对服务的认可程度和黏性，直接影响着O2O平台的生命力。为了提高用户参与度，O2O创业者需要从多个维度入手。其一，要提供优质的服务内容，满足用户的实际需求。这就要求O2O平台对用户需求有深入的洞察，能够提供个性化、多样化的服务选择。其二，要营造良好的用户体验，打造流畅、便捷的消费流程。这就需要O2O平台在技术、设计、运营等方面下足功夫，为用户提供无缝衔接的线上线下体验。其三，要建立完善的用户激励机制，调动用户参与的积极性。这可以通过积分、优惠券、会员等方式来实现，让用户在参与过程中获得实实在在的利益。

2.提高转化率

再高的用户参与度，如果不能有效地转化为实际消费，也难以支撑O2O平台的可持续发展。提高转化率，关键在于找准用户需求，优化转化策略。O2O创业者要深入分析用户行为数据,洞察用户在消费决策过程中的心理和诉求,从而有针对性地设计转化方案。例如,可以在关键节点设置引导和促销,激发用户的消费冲动;可以提供多样化的支付方式,降低用户的购买门槛;可以通过社交裂变、口碑营销等方式,提高用户的转介绍率。提高转化率需要O2O平台在获客、促活、留存等环节形成闭环,为用户提供全链条的消费体验。

提高用户参与度和转化率是一个相辅相成的过程。参与度高的用户往往更容易形成消费行为,而良好的消费体验也能带来用户黏性的提升。O2O创业者要有长远的目光,在发展战略、资源配置、运营策略等方面进行系统谋划,切实提升用户生命周期价值。这就要求O2O平台不仅仅要重视短期的获客和交易,更要注重长期的口碑和资产。要通过优质的服务和创新的模式,与用户建立起信任和情感的连接,形成持久的竞争优势。

(三)O2O模式的创业实践

O2O模式的拓展为大学生创业开辟了广阔空间,丰富了创业途径和可能性。作为整合线上与线下资源的一种新型商业模式,O2O在近年来得到了快速发展。该模式打破了传统电商的局限性,为创业者提供了更加灵活、多元的发展途径。

O2O模式能够充分利用大学生擅长的互联网技术,发挥其在线上推广、社交媒体营销等方面的优势。通过精准的受众定位、创意的内容制作,大学生创业者可以低成本地吸引潜在用户,积累客户资源。同时,O2O模式能帮助大学生创业者克服线下实体经营的局限,节约门店租金、人力等高昂成本,在较少投入的情况下实现业务的快速拓展。

O2O模式为大学生创业提供了更加精准的市场切入点。通过线上大数据分析,创业者能够深入洞察目标群体的消费偏好、行为习惯,从而优化产品设计、服务方案,提升用户体验。例如,在餐饮O2O领域,创业者可以根据消费者的口味喜好、就餐时间等数据,为其提供个性化的菜品推荐、订餐服务,增强顾客黏性;在教育O2O领域,创业者可以基于大学生的学习需求、知识掌握情况,开发有针对性的在线课程、家教服务,实现教学的精准匹配。

O2O模式为大学生创业营造了广阔的合作空间。通过与线下实体企业的战略协作,大学生创业者可以整合双方优势资源,实现"1+1>2"的效果。一方面,实体企业可以为创业项目提供场地、设备、供应链等支持,帮助其快速启动、降低运营风险;另一方面,大学生创业者可以助力企业实现数字化转型、拓展线上销售渠道。

四、社交电商创业模式

(一)社交电商生态

社交电商是互联网发展的必然产物,其诞生和演进与社交网络的普及密不可分。随着移动互联网技术的快速发展,社交媒体逐渐成为人们日常交流和信息获取的主要渠道。而社交电商正是借助社交网络平台,利用人际关系进行商品推广和销售的新型电商模式。

与传统电商相比,社交电商最大的特点在于其“社交”属性。在这个生态系统中,社交关系网络扮演着至关重要的角色。用户不仅是消费者,还是信息的传播者和生产者。通过在社交平台上分享购物体验、推荐心仪商品,用户能够影响其社交圈内其他用户的消费决策,成为促进商品销售的重要力量。同时,商家可以利用大数据技术深入分析用户的社交关系、兴趣爱好等,实现更加精准的营销和推荐,提升转化率和客单价。

社交电商生态的核心要素包括平台、商家、用户三方。社交电商平台为商家和用户提供交易撮合、支付结算、物流配送等基础服务,是连接供需双方的桥梁;商家通过入驻社交电商平台,借助平台的流量优势和社交传播效应,触达更多潜在消费者;用户可以在社交电商平台上浏览商品信息、分享购物心得、参与促销活动,享受便捷、高效、互动性强的购物体验。在社交电商生态中,用户的角色远比传统电商模式下更加积极和多元。除了购买商品,用户还可以通过生产和传播商品相关内容,如发布使用评价、晒单等,影响其他用户的购买行为,成为品牌宣传的重要渠道。

社交关系网络深刻影响着社交电商的运作方式。用户在社交网络中的人际关系,如亲朋好友、同事同学、志同道合者等,往往建立在信任、共同兴趣爱好的基础上。这种强关系有利于商品信息的传播和用户购买决策的形成。当用户在社交电商平台上浏览商品时,好友对商品的评价、推荐往往比商家的宣传更能引起共鸣和信赖,从而提高购买意愿。而一些社交电商平台还针对用户的社交关系提供裂变营销、分享返利等玩法,激励用户主动向身边人推荐商品,扩大商品的传播范围和影响力。基于用户的社交关系,商家可以开展更加个性化、精细化的营销。通过分析用户的社交网络结构、互动情况,商家能够锁定目标客户群,并根据其特点设计营销内容和方式,实现更高的投放效率和转化率。

社交电商生态的演进趋势备受关注。随着5G、人工智能、虚拟现实等技术的发展，社交电商有望迎来更多的创新应用场景。直播电商、社群团购、私域流量经济等新业态不断涌现，为社交电商注入了新的活力。同时，短视频平台、社交媒体平台纷纷布局社交电商领域，用户黏性高、互动形式丰富的优势将进一步强化社交电商的发展势头。在这个过程中，用户需求成为社交电商面对发展的关键驱动力。如何为用户提供更加优质、多元、个性化的购物体验，将成为社交电商平台和商家的重要课题。

（二）核心优势

1.营销精准性

与传统电商相比，社交电商能够更精准地触达目标用户，提高营销效率。这得益于社交媒体平台海量的用户数据和精准的用户画像。通过分析用户的社交关系、兴趣爱好、消费习惯等，社交电商能够实现个性化推荐，将产品信息精准投放给对其感兴趣的潜在消费者。这种基于大数据和算法的精准营销，不仅能提高用户的购买转化率，也能节省营销成本，实现投入产出的最优化。

2.增强用户黏性

在社交电商平台上，用户不仅是消费者，还是内容的生产者和传播者。用户可以通过评价、点赞、分享等方式参与商品的讨论和推荐，形成围绕商品的社交互动。这种互动不仅能满足用户的表达欲和存在感，也能增强其对平台的认同感和归属感。用户在平台上建立起人际关系网络后，就更不容易流失到其他平台。对商家而言，用户黏性的提升意味着更稳定的客源和更高的复购率。

3.社交裂变营销

借助社交网络的人际传播，商品信息能够快速传播，触达更广泛的受众。当用户主动将商品分享给好友，并吸引好友购买时，就实现了营销的裂变式增长。这种用户自发的分享推荐，比商家的广告更能引起其他用户的信任和兴趣。

4.提升品牌形象和用户体验

在社交电商平台上，商家能与用户直接互动，及时响应用户的咨询和反馈。这种沟通互动有助于拉近品牌与消费者的距离，塑造亲民友好的品牌形象。同时，用户通过社交分享和推荐表达对商品的认可，也是品牌口碑的良好传播。在互动中，商家还能深入洞察用户需求，不断优化产品和服务，为用户提供更极致的消费体验。

（三）社交电商创业实践

社交电商在近年来快速兴起，已经成为大学生创业的一个重要选择。社交电商不仅为大学生创业者提供了广阔的创业空间，而且为其积累人脉资源、提升运营能力奠定了基础。

要在社交电商领域取得成功，大学生创业者需要深入理解社交电商的核心优势，并在实践中不断优化和创新。第一，社交电商依托于社交网络平台，能够精准触达目标消费群体。创业者应充分利用社交媒体的传播特性，通过优质内容和互动活动吸引用户关注，建立品牌认知度和美誉度。第二，社交电商重视用户黏性的培养，注重口碑传播和用户裂变。创业者应着力打造优质的产品和服务，通过满足用户需求、超出用户期望来提升顾客满意度，促进二次购买和主动分享。第三，社交电商强调情感联结和信任建设。创业者应注重塑造品牌个性和价值主张，通过真诚沟通、及时响应等方式拉近与消费者的距离，赢得其信赖和支持。

大学生创业者要想在社交电商领域长远发展，需要持续学习和自我提升。创业者应深入研究社交电商的发展趋势和用户行为特点，及时调整经营策略，把握市场机遇。同时，创业者应不断完善自身的知识结构和能力素质，在营销策划、数据分析、供应链管理等方面全面提升专业水平。创业者还应积极寻求外部资源的支持，如与社交平台深度合作、与行业伙伴开展跨界联动等，拓宽发展渠道，实现互利共赢。

第二节　平台就业模式

一、校园招聘平台就业模式

（一）功能与运作

校园招聘平台是专门为大学生群体设计的求职平台，它集信息发布、简历投递、面试安排等功能于一体，为毕业生和用人单位搭建起高效便捷的双向沟通桥梁。这类平台通常由高校就业指导中心或第三方机构运营，致力于为毕业生提供个性化、精准化的就业服务。

1.校园招聘平台的核心功能是信息聚合和智能匹配

平台会汇集大量优质企业的招聘信息，涵盖各行各业，满足不同专业背景、不同就业期望的毕业生的需求。毕业生可以通过平台浏览职位描述、任职要求等详细信息，全面了解心仪企业和岗位。平台还会要求毕业生上传个人简历、证书等材料，并通过智能算法分析毕业生的教育背景、专业特长、实习经历，向其推送与之匹配度较高的职位，实现精准投递，提高求职效率。

2.校园招聘平台的运作离不开校企合作和多方联动

通常，平台会与知名企业建立稳定的合作关系，定期举办大型双选会、宣讲会等线下招聘活动，为毕业生和企业提供面对面交流的机会。同时，平台会联合学校就业指导中心，为毕业生提供简历指导、面试技巧培训、职业规划咨询等服务，帮助其做好求职准备，提升就业竞争力。这种多方协同的运作模式，有利于实现教育教学、就业服务与企业需求间的有效对接，构建良性互动的就业生态。

毕业生在使用校园招聘平台时，应注重发挥自身的主观能动性。一是要认真填写个人简历，突出专业特长和实践经验，提炼个人亮点，展现职业素养；二是要主动关注心仪企业和岗位，深入了解行业发展动态和技能要求，做好面试准备；三是要积极参与平台组织的各类招聘活动，把握与企业面对面交流的机会，展示个人魅力；四是要与学校就业指导老师保持沟通，听取专业建议，明确职业发展方向。

校园招聘平台打破了传统就业模式的时空限制，为毕业生提供了海量优质的就业机会，实现了人岗信息的精准匹配。同时，它汇聚了企业、高校、社会各界力量，形成了支持毕业生成长成才的合力。在新时代背景下，深入推进校园招聘平台建设，创新服务模式和内容，对破解结构性就业矛盾，推动高校毕业生更高质量、更充分就业具有重要意义。

(二)平台的利用技巧

充分利用校园招聘平台，对于大学生高效获取就业机会至关重要。大学生应及时注册校园招聘平台账号，完善个人简历和求职意向等信息，为后续投递做好准备。在此基础上，大学生需要密切关注平台发布的招聘信息，及时了解各类企业的用人需求和岗位要求。通过对比分析自身条件和职位匹配度，大学生可以有的放矢地选择适合的岗位进行申请。

在投递简历的过程中，大学生要注重申请材料的针对性和完整性。大学生应根据不同职位的要求，有选择地突出自己的优势和特长，提高简历的吸引力；需确保申请材料的规范性和真实性，如实填写各项信息，避免失误或造假。同时，大学生应通过招聘平台主动与心仪的企业进行沟通交流，展现自己的诚意和热情，争取更多机会。

除了被动等待校园招聘平台的职位发布，大学生还可以利用平台资源主动出击。比如，大学生可以通过平台数据库检索感兴趣的企业，主动递交求职申请，表达自己的就业意愿。对于一些高端职位或知名企业，大学生还可以在平台上提前了解其招聘流程和考核方式，做好充分准备，以应对可能的面试或笔试环节。

大学生应重视对校园招聘平台使用技巧的学习和积累。例如，掌握关键词检索、条件筛选等功能，提高信息检索效率；利用平台提供的职业测评、简历优化等工具，提升个人竞争力；关注平台发布的招聘会、宣讲会等活动信息，积极参与线下交流。通过在平台上的持续探索和学习，大学生可以不断提升求职技能，增强就业优势。

（三）与高校就业指导服务联动

通过与高校就业指导服务紧密联动，校园招聘平台可以发挥更大的作用，为大学生的职业发展提供全方位支持。

校园招聘平台应积极与高校就业指导部门建立常态化的合作机制。一方面，就业指导部门可以为平台提供权威、可靠的就业政策解读和市场分析，帮助平台优化功能设计，提升服务质量；另一方面，平台可以为就业指导部门提供真实、动态的市场需求信息，增强就业指导的针对性和实效性。双方通过定期会商、联合调研等方式，共同探讨大学生就业形势和对策，形成工作合力。

校园招聘平台应注重用人单位需求与高校人才培养的精准对接。通过深入调研用人单位对人才的知识、能力、素质要求，平台可以为高校的专业设置、课程体系创新提供参考和依据。高校可以根据平台反馈的用人需求信息，优化人才培养方案，开设贴合市场需求的实践课程，提升人才培养目标的达成度。用人单位也可以通过平台参与到高校人才培养过程中，提供实习实践、课程共建等机会，实现供需双方的无缝衔接。

校园招聘平台与高校就业指导服务的融合发展，是一个共建共享、互利共赢的过程。通过深度合作、优势互补，平台可以汇聚更丰富的就业资源，拓展更多元的服务内容；高校就业指导部门也能够借助平台优化服务流程，提升指导实效。这种协同发展模式不仅能够显著提升大学生就业质量，促进人才与岗位的精准匹配，而且能够为高校人才培养体系创新、区域人力资源优化配置提供新思路。

二、综合性人才网站平台就业模式

（一）特点与服务范围

综合性人才网站作为“互联网＋”时代下涌现的创新型就业平台，以其丰富的岗位资源、便捷的求职体验和精准的信息匹配，为大学生职业发展提供了广阔的舞台。这类网站通常涵盖多个行业领域，提供从基础岗位到高级职位的全方位职业机会，满足了不同专业背景、不同发展阶段大学生的多元化就业需求。

从岗位类型来看，综合性人才网站的覆盖面非常广泛。这些平台集合了各行各业的企业用人需求，无论是传统制造业、现代服务业还是新兴的互联网产业，大学生都能在这里找到适合自己的职位。综合性人才网站不仅提供了全职就业岗位，还包括实习、兼职等灵活多样的用工形式，为大学生积累工作经验、探索职业方向提供了更多选择。这种丰富的岗位资源为大学生的职业生涯规划提供了广阔的空间，有利于其结合自身特点和发展目标，作出最优的就业决策。

从服务内容来看，综合性人才网站不仅仅是简单的信息发布平台，更是集求职指导、职业规划、在线培训等功能于一体的综合服务提供商。许多网站会定期推送行业动态、职场资讯，帮助大学生了解最新的就业形势和发展趋势。同时，这些平台会提供专业的简历制作指导、面试技巧培训，甚至一对一的职业咨询服务，全方位提升大学生的求职竞争力。综合性人才网站还会定期举办各类线上线下招聘会，为用人单位和求职者搭建高效对接的桥梁，促进人岗匹配的精准度。这些增值服务的存在，使综合性人才网站成为大学生职业发展不可或缺的重要资源。

（二）高效使用策略

面对纷繁复杂的就业信息，如何高效利用综合性人才网站平台，成为大学生亟须掌握的一项关键技能。

要充分发挥综合性人才网站平台的优势，大学生需要明确自身的职业定位。

这就要求他们结合所学专业、个人兴趣、能力特长等，对未来发展方向有一个清晰的规划。只有确立明确的求职目标，才能在浩如烟海的就业信息中快速锁定适合自己的职位，提高求职效率。同时，明确的职业定位能帮助大学生在自我介绍、面试表现等方面更加有的放矢，给用人单位留下良好印象。

大学生应当深入了解综合性人才网站平台的功能和特点，掌握各种检索技巧。不同平台在界面设计、搜索方式上各有千秋，但基本都提供了关键词搜索、行业分类、地区选择等多种筛选条件。大学生要学会运用这些条件进行组合搜索，快速缩小目标范围。有些平台还提供订阅服务，可以定制职位推送，帮助用户第一时间获取匹配度较高的工作机会。

针对心仪的职位，大学生要认真撰写求职简历，突出自身优势。大学生应当将简历重点放在与目标岗位相关的教育背景、实习经历、专业技能等方面，量化描述自己的成绩和贡献。同时，简历的格式要美观得体，避免错别字等低级失误。许多综合性人才网站平台提供了简历模板和指导，大学生可加以利用，不断完善自己的简历。

大学生要主动参与综合性人才网站平台组织的各类招聘活动。例如，平台发起的网络招聘会，汇聚数百家优质企业，设有在线宣讲、简历投递等环节，是求职者与心仪企业互动交流的绝佳机会。类似的线上双选会、专场招聘等活动，大学生也要积极关注并参与其中。通过频繁互动，大学生可以加深对企业和行业的了解，积累宝贵的求职经验，为日后走上工作岗位奠定基础。

三、行业垂直招聘平台就业模式

(一)界定与功能

行业垂直招聘平台是在互联网环境下应运而生的专业性人力资源服务平台，它专注于某一特定行业或领域，为该领域内的用人单位和求职者提供精准、高效的就业服务。与综合性招聘平台相比，行业垂直招聘平台具有更加突出的行业针对性和专业性，能够更好地满足特定行业的人才需求和就业特点。

从功能上看，行业垂直招聘平台集合了招聘信息发布、简历投递、在线笔试面试、人才测评等多种服务，形成了完整的人力资源服务闭环。对于用人单位而言，借助行业垂直招聘平台，他们可以更加精准地锁定目标人群，提高招聘效率和质量。平台通过大数据分析和智能算法，帮助人事部门快速筛选出符合职位要求的优质候选人，显著降低了招聘成本。同时，平台提供专业的人才测评工具，帮助用人单位全面评估候选人的专业能力和综合素质，为招聘决策提供参考。

对于求职者而言，行业垂直招聘平台提供了更加丰富、精准的就业机会。由于平台聚焦特定行业，求职者可以更加高效地获取本行业的招聘信息，减少无效投递。平台还提供行业资讯、职业发展指导等增值服务，帮助求职者及时了解行业动态，规划职业发展路线。行业垂直招聘平台往往与行业协会、专业院校等机构合作，定期举办行业论坛、校园招聘会等线下活动，为求职者提供与用人单位面对面交流的机会，拓宽就业渠道。

从行业影响来看，行业垂直招聘平台有助于推动行业人才的优化配置和流动。平台搭建了用人单位和求职者之间的沟通桥梁，打破了地域、信息壁垒，促进了人才在行业内的合理流动。这不仅有利于缓解行业内的人才供需矛盾，也有助于人才的快速成长和行业的整体进步。同时，行业垂直招聘平台积累了大量的行业人才数据，通过数据挖掘和分析，可以洞见行业人力资源的现状与趋势，从而为行业决策提供参考。

（二）优化使用策略

大学生在选择和利用行业垂直招聘平台时，应当着眼于平台的专业性和针对性，以期获得更加精准、高效的就业信息和机会。高质量的行业垂直招聘平台通常拥有丰富的行业资源和人脉，能够为求职者提供更多优质、可靠的就业信息。同时，这类平台往往对所属行业有着深入的了解和把握，能够根据行业发展趋势、人才需求动态等为求职者提供有针对性的就业指导和服务。

在具体使用策略上，大学生应先明确自身的职业定位和发展方向，有的放矢地选择与之相契合的行业垂直招聘平台。通过仔细研读平台上发布的职位信息，分析不同企业对人才的要求特点，大学生能够更加准确地评估自己的优势和不足，并有针对性地完善个人简历和求职技能。主动参与平台组织的各类线上线下招聘活动，也能帮助大学生拓宽视野、积累经验、建立人脉，为日后的求职之路奠定坚实基础。

（三）行业人才输送作用

行业垂直招聘平台作为专业化的人力资源服务提供者，在特定行业人才输送中发挥着日益重要的作用。这些平台深耕细分领域，积累了丰富的人才资源，能够为企业提供精准、高效的招聘服务，也为求职者提供更多的就业机会和发展空间。

从企业的角度来看，行业垂直招聘平台能够帮助其快速找到匹配度高的人才。这些平台通过长期服务行业客户，深入了解不同企业的业务特点、人才需求和任职要求，积累了大量的行业人才数据。借助大数据分析和智能匹配技术，行业垂直招聘平台能够从海量简历中精准筛选出符合企业要求的候选人，大大缩短招聘周期，提高招聘效率。同时，这些平台能根据企业的特定需求，提供个性化的招聘解决方案，如有针对性地开展人才搜寻、定制化招聘流程设计等，帮助企业招募到稀缺的高端人才。

从求职者的角度来看，行业垂直招聘平台为其提供了更多元、更精准的就业选择。求职者可以在平台上浏览本行业内的各类职位信息，全面了解不同公司的业务方向、职位要求和发展前景。一些平台还会提供行业资讯、职业发展指导等增值服务，帮助求职者及时把握行业动态，规划职业发展路线。行业垂直招聘平台注重对候选人从业经历、专业技能的考查，能够为优秀人才提供更多展示自我、获得认可的机会。优质的行业内企业也会优先在这些平台发布职位，吸引优秀人才加盟。

从行业发展的角度来看，垂直招聘平台是促进人才合理流动、优化配置的重要力量。这些平台搭建起企业与人才之间的沟通桥梁，打破了地域、信息的壁垒，让优秀人才与优质企业能够精准对接。这不仅有利于扩展个体的职业发展空间，也能够促进行业内人才的优胜劣汰和良性流动，推动行业整体竞争力提升。同时，行业垂直招聘平台是连接行业、企业、院校、求职者的重要纽带。一些平台与高校合作开展校企合作项目，为应届毕业生提供实习、就业机会；举办行业论坛、职业培训等活动，为行业发展储备专业人才。

四、地方性人力资源服务平台就业模式

(一)特色与优势

地方性人力资源服务平台汇聚了本地区的就业信息和人才资源，为大学生就业提供了便捷高效的渠道。这些平台立足区域经济发展实际，根据本地产业布局和人才需求，为毕业生提供精准、实用的就业指导和服务。与全国性的综合招聘网站相比，地方性平台更加贴近区域发展实际，能够有针对性地为本地企业和大

学生牵线搭桥。

在功能设置上，地方性人力资源服务平台通常包括职位发布、简历投递、在线面试、就业指导等模块，力求为毕业生提供一站式就业服务。平台会根据本地经济社会发展的重点领域，有侧重地发布相关行业和企业的招聘信息，便于大学生及时了解本地就业形势。平台还会提供职业规划、简历制作、面试技巧等方面的指导，帮助毕业生提升求职能力。

地方性平台的优势在于能够整合本地的各类就业促进政策和资源。各地相关部门通常会制定吸引和留住大学生等优秀人才的优惠政策，如落户、住房、创业扶持等。地方性平台能够及时发布和解读这些政策，让毕业生全面了解在本地就业创业的优惠条件。平台还能够对接地方高校、行业协会、创业孵化器等资源，为毕业生的职业发展创造良好的外部环境。

地方性人力资源服务平台还发挥着促进地方经济发展、优化人才结构的重要作用。通过吸引和留住大学生这一高素质人才群体，平台为地方企业输送了大量优秀的专业人才，为本地产业转型升级、经济结构调整提供了智力支持。平台还有助于形成"以用促学、学用联动"的人才培养机制，推动高校调整专业设置、优化课程内容，使人才培养更加符合地方经济社会发展的需要。

（二）助力大学生就地就业

地方性人力资源服务平台通过建立完善的企业和人才信息数据库，帮助大学生深入了解本地企业的用人需求和岗位要求，从而有的放矢地进行求职准备。平台还会定期发布本地企业的招聘信息，组织专场招聘会和宣讲会，为大学生和用人单位提供面对面交流的机会。这种"精准对接"的服务模式，大大提高了大学生求职的针对性和成功率。

地方性人力资源服务平台注重为大学生提供个性化、全方位的职业指导服务。平台通过开展职业生涯规划、简历制作、面试技巧等专题培训，帮助大学生提升求职技能，增强职业竞争力。平台还会安排专业的职业顾问，为大学生提供一对一的咨询辅导，解答其在求职过程中遇到的困惑和问题。这些贴心的服务，有效缓解了大学生的就业压力和焦虑，增强了他们的求职信心。

地方性人力资源服务平台与地方政府的就业政策实现了有效衔接，为大学生带来了更多的就业机会和保障。很多地方政府为鼓励大学生在本地就业，出台了一系列优惠政策，如提供租金补贴、购房补贴、创业贷款等。地方性人力资源服务平台积极宣传和落实这些政策，让更多大学生享受到政策红利，增强了他们在本地就业的意愿。

第三节 自媒体创业模式

一、自媒体创业的内容生产与传播策略

(一)内容创意

在“互联网+”时代,自媒体创业者面临海量信息和多元用户需求的双重挑战。如何从纷繁复杂的信息中提炼出有价值、有吸引力的内容,成为自媒体创业者必须攻克的难题。创业者要具备敏锐的洞察力和创新思维,能够准确把握用户需求和市场趋势,不断挖掘和创造有价值的内容。

自媒体创业者应该深入了解目标受众的特点和偏好,根据其需求设计和生产内容。这需要创业者通过数据分析、用户调研等方式,全面收集和分析受众信息,明确其关注点和喜好。同时,创业者应紧跟时事热点和行业动态,捕捉最新的话题和趋势,及时生产相关内容。特别是在重大事件、节日等特殊时间节点,及时推出与之相关的内容,往往能够收获更多的关注和更大范围的传播。

在内容创意方面,自媒体创业者要突破常规思维,以新颖独特的视角切入话题。一方面,可以通过跨界融合、类型创新等方式,将不同领域的元素组合起来,创造出新鲜有趣的内容形式;另一方面,要善于发现生活中的小事和细节,通过讲述故事、解读现象等方式,将普通事物转化为吸引人的内容。创业者还应重视内容的深度和质量,通过深入调查研究、专家访谈等方式,提供更加丰富、专业、有价值的内容,提升自媒体账号的权威性和公信力。

话题挖掘是内容创意的重要来源。自媒体创业者要学会利用各种工具和渠道,如搜索引擎、社交平台、数据分析等,发现和追踪热门话题。通过对热点事件、行业动态、用户讨论等信息进行监测和分析,创业者可以及时捕捉到有价值的话题,并围绕这些话题进行内容生产。同时,创业者应该主动策划和制造话题,通过发起讨论、举办活动等方式,引导和刺激用户参与互动,扩大话题的影响力。

(二)内容质量与形式多样性

高质量、多样化的内容能够吸引更多用户,提高用户黏性,促进互动。内容创意和话题选择应紧跟用户需求和市场热点,围绕特定主题持续输出,形成独特的

标签和风格。同时,内容形式要具备多样性,如图文、短视频、直播、音频等,以满足不同用户的阅读习惯。

内容质量的关键在于专业性、深度性和趣味性的统一。一是要体现创作者的专业素养和见解,给予用户价值感和新知;二是要深入浅出、通俗易懂,增强传播效果;三是要富含趣味和吸引力,激发用户的情感共鸣和互动欲望。优质内容往往能在专业性基础上,用独特视角对话题进行二次解构,传递有价值的信息,引发用户思考和讨论。

内容生产需要把握节奏和频率。恰当的更新频率能够维系用户的注意力,既不显得过于冷清,也不会对用户造成信息焦虑。内容发布的时间点也很关键。在话题最热的时候推出相关内容,能够收获更多关注。结合节日、娱乐大事件等策划内容,也能引起用户的兴趣。

(三)精准分发与渠道拓展

自媒体创业者必须深入洞察用户需求,精准定位目标群体,并根据不同平台的特点,有针对性地进行内容分发和渠道拓展。

自媒体创业者要做到"因渠而异",根据不同平台的属性和受众特点,调整内容呈现的方式和风格。只有契合平台特点,才能最大限度地发挥内容价值,吸引和留住目标用户。

自媒体创业者要善于利用大数据技术,实现精准化内容分发。对用户行为数据进行采集和分析,可以深入洞察目标群体的兴趣偏好、阅读习惯、互动特点等,从而实现个性化推荐。同时,大数据技术还能帮助自媒体创业者优化内容生产策略,根据用户反馈动态调整内容方向和风格,不断提升内容质量和传播效果。

自媒体创业者要重视渠道的多元化布局和跨平台合作。单一平台的流量和影响力往往有限,只有通过多渠道、多平台的联动传播,才能最大化内容价值,触达更广泛的受众群体。例如,自媒体创业者可以在多平台同步推送内容,实现信息的交叉传播;也可以与其他自媒体、网红达人开展跨界合作,借助他人的流量和影响力快速扩大自己的用户规模。

自媒体创业者要注重线上线下渠道的有机结合。虽然互联网是自媒体传播的主阵地,但线下活动往往能带来更直接、更深入的用户互动和品牌体验。因此,自媒体创业者可以适时开展线下沙龙、分享会等活动,增强与用户的情感联结,提升品牌美誉度和忠诚度。同时,线下渠道的拓展有助于自媒体获取更多真实、鲜活的素材,丰富内容创作的灵感和维度。

二、自媒体创业的商业模式与盈利途径

(一)广告收益模式

随着互联网技术的发展和用户规模的不断扩大,广告主越发青睐于在自媒体平台上投放广告,以触达更多的潜在消费者。自媒体创业者要想实现可持续发展,必须深入分析和把握当前流行的广告盈利机制,合理选择和优化广告收益模式。

从广告形式来看,信息流广告、原生广告、视频贴片广告等已成为自媒体平台的主流广告类型。信息流广告以“推荐文章”的形式自然融入用户的浏览体验,点击率和转化率较高;原生广告则与平台内容高度相关,广告与内容的界限逐渐模糊,用户接受度更高;视频贴片广告在短视频和直播等场景下应用广泛,通过精准投放实现了较高的广告到达率和完播率。自媒体创业者需要根据自身定位和受众特点,选择最契合的广告形式,以实现广告收益的最大化。

从计费模式来看,CPM(每千次展示付费)、CPC(每次点击付费)、CPA(每次行动付费)等是当前主要的广告计费方式。CPM 模式适合流量规模较大、用户黏性较高的自媒体平台,广告主按照广告展示次数付费;CPC 模式则更看重广告的点击效果,自媒体平台需要不断优化广告投放策略和用户体验,提高点击率;CPA 模式针对具体的用户行为,如注册、下载、购买等,广告主只为实际转化的用户行为付费。自媒体创业者需要权衡平台流量、用户价值和广告客户需求,选择合适的计费模式,最大限度地实现流量变现。

从广告生态来看,程序化购买、精准投放、效果优化等技术的应用,极大地提升了广告投放的效率和针对性。广告主可以通过实时竞价系统,在海量流量中智能选择目标用户,并根据投放效果动态调整出价策略。自媒体平台则需要加强数据采集和用户画像分析,为广告主提供更精准的投放目标和效果评估。同时,还需要注重保护用户隐私,合理控制广告展示频次,杜绝过度营销和虚假广告,营造良性健康的广告生态。

(二)内容付费与会员制

内容付费和会员制的商业模式为自媒体创业者构建了一种稳定且可持续的收入来源。与广告收益模式相比,内容付费和会员制的模式更加注重内容质量和

用户体验,有助于培养用户的忠诚度和黏性。在这一模式下,创业者需要持续输出高质量、独特且有针对性的内容,以吸引用户付费订阅或加入会员。创业者还需要精心设计会员权益和服务体系,为付费用户提供独家内容、线下活动、社群互动等增值服务,不断地提升会员的满意度和认同感。

1.内容质量

内容付费和会员制模式的关键在于内容的高质量和稀缺性。创业者应该深入了解目标用户群体的需求和痛点,有针对性地生产优质内容。独特的内容视角、专业的知识见解、生动的呈现方式都是吸引用户付费的重要因素。创业者还需要合理定价,既要体现内容的价值,又要考虑用户的接受程度。过高的定价可能会挫伤用户的购买欲望,而过低的定价又难以维持内容生产的投入。找到最佳平衡点,是成功实施内容付费和会员制的关键。

2.用户体验

创业者需要搭建便捷、流畅的付费渠道和会员管理系统,最大限度地降低用户的支付和使用障碍。同时,还要重视用户反馈,及时对内容和服务进行优化和改进。只有不断提升用户满意度,才能留住付费用户,获得长期、稳定的收益。

(三)商品销售与品牌合作

通过开发优质产品,与知名品牌开展深度合作,自媒体创业者能够拓展收入来源,增强自身品牌影响力,实现可持续发展。

自媒体创业者需要根据自身定位和受众特点,精心设计和开发具有独特价值的产品。这些产品可以是有形的实物,如服装、文创周边等;也可以是无形的数字产品,如在线课程、电子书等。这些产品应与自媒体账号的内容主题和品牌调性保持一致,满足目标受众的需求。产品的质量和性价比也是关键因素。只有不断打磨产品,提供优质的消费体验,才能赢得用户的信赖和口碑,实现长期稳定的销售业绩。

自媒体创业者可以借助电商平台、社交媒体等渠道开展产品推广和销售。一方面,利用直播、短视频等互动形式,创业者能够生动地展示产品特色,引导用户下单购买;另一方面,通过收集销售数据,分析用户画像和消费行为,创业者可以优化产品策略,提高转化率和复购率。

在品牌合作方面,自媒体创业者要积极寻求与知名品牌的合作机会。与品牌合作不仅能为自媒体创业者带来可观的广告收入，还能借助品牌的影响力提升自身形象，吸引更多用户。创业者需要甄别品牌的市场口碑和目标受众，选择与自身定位相契合的合作伙伴。同时，合作形式要多样化，除了传统的硬广植入，创业者还可以尝试原生广告、联名款产品开发等创新合作方式，以更自然、更有趣的方式触达用户。

品牌合作的核心是共创共赢。自媒体创业者要发挥内容优势和流量优势，为品牌提供精准、高效的传播渠道；品牌方也应给予创业者充分的创作自由和利润空间。只有双方建立长期、稳定的合作关系，持续输出优质内容，打造口碑产品，才能实现“1+1>2”的协同效应。

三、自媒体创业的品牌塑造与推广策略

(一)品牌故事与价值传递

品牌故事是一种战略性的品牌传播方式，通过生动、鲜活的叙事形式，展现品牌的独特个性和内在价值，引发消费者的情感共鸣，建立品牌与消费者之间的情感纽带。在自媒体创业中，品牌故事的塑造与传播尤为重要。一个打动人心的品牌故事，能够为自媒体品牌注入灵魂，提升品牌辨识度和美誉度，吸引更多的忠实用户。

塑造优秀的品牌故事需要挖掘品牌的独特价值主张。这需要创业者深入洞察目标受众的需求和痛点，找准品牌定位，提炼出鲜明、独特的品牌个性。品牌个性是品牌故事的灵魂所在，它决定了品牌故事的基调和风格。例如，一个主打青春活力的自媒体品牌，其品牌故事可以围绕追逐梦想、突破自我等主题展开；一个专注于母婴健康的自媒体品牌，其品牌故事则可以聚焦于呵护新生命、传递母爱温暖等内容。

品牌故事需要以真实、可信的方式呈现。优秀的品牌故事应该源于品牌的真实经历和价值观，以朴实无华的方式娓娓道来。创业者可以分享自己的创业历程、成长故事，讲述品牌的发展历史和使命愿景，展现品牌的人文情怀和社会责任。真实动人的品牌故事更易引发受众的情感共鸣，建立品牌的信任基础。

品牌故事需要以多样化的形式进行创意表达和传播。创业者可以运用视频、漫画、音频等多种媒体形式，对品牌故事进行生动、立体的呈现。例如，可以制作品牌宣传片，通过视觉化的故事叙事，展现品牌的独特魅力；可以通过漫画、动画

等形式，生动化塑造品牌吉祥物、品牌代言人的形象，增强品牌故事的趣味性和传播性。

品牌故事需要与受众进行持续互动和共创。品牌故事不应该是一个封闭的、静态的存在，而应该是一个开放的、不断演进的过程。创业者可以通过社交媒体平台，与用户展开实时互动和交流，鼓励用户分享自己与品牌相关的故事和体验，将用户的声音融入品牌故事的创作中。通过让受众共创参与，品牌故事将更加贴近用户需求，也更易引发用户的情感共鸣和品牌认同。

(二)社交媒体与 KOL 合作

社交媒体与 KOL(Key Opinion Leader)合作已成为自媒体创业品牌传播的重要途径。KOL 即关键意见领袖，通过在特定领域持续输出优质内容，积累了大量忠实用户。

社交媒体平台汇聚了海量的用户资源，覆盖了不同年龄、不同地域、不同职业的群体。利用社交媒体进行品牌传播，能够最大限度地扩大受众范围，提高品牌曝光度。但在信息过载的环境下，单纯依靠内容推送很难引起用户关注。这时，KOL 的重要性就凸显出来。他们具有较高的知名度和美誉度，在粉丝心中具有权威性和影响力。KOL 为某个品牌代言，或在社交媒体上推荐某个产品时，往往能引发用户的强烈兴趣，产生“种草”效应。

自媒体创业者与 KOL 合作，可以借助其影响力实现品牌曝光和口碑传播。一方面，KOL 的内容推荐能够将品牌信息精准投放给目标受众，引导潜在用户关注品牌、了解产品；另一方面，KOL 言行举止的示范作用，能够提高粉丝对品牌的信任度，促进购买转化。相比于传统广告，KOL 营销更加灵活多样，传播效果也更加显著。许多成功的自媒体品牌，都曾与知名 KOL 开展过深度合作，产生了良好的品牌传播效果。

并非所有的 KOL 都适合自媒体品牌合作。自媒体创业者需要根据产品特点和目标受众，甄选契合度高、形象正面的 KOL 资源。同时，要注重维护与 KOL 的长期友好关系，建立可持续的合作模式。一次性的植入式推广可能产生爆款效应，但难以形成品牌忠诚度。只有通过持续性的内容合作，与 KOL 深度绑定，才能将流量转化为自媒体品牌的用户资产。

自媒体创业者应重视品牌调性和 KOL 风格的一致性。不同的 KOL 在内容形态、语言风格、价值取向上存在差异。盲目追求与知名度高的头部 KOL 合作，而忽视了契合度，反而可能引发用户反感，损害品牌形象。自媒体品牌选择 KOL

合作伙伴，要立足自身调性，寻找与自身气质相符的KOL，让品牌个性通过KOL得到充分展现。

四、自媒体创业的团队组建与运营管理

（一）精英团队构建

在日益激烈的市场竞争中，只有拥有一支高素质、高效率的核心团队，自媒体创业者才能在瞬息万变的行业环境中立于不败之地。选拔优秀人才、实现有效的分工合作，是打造精英团队的两大支柱。

1.选拔优秀人才

选拔优秀人才需要创业者具备敏锐的洞察力和专业的判断力。他们要能够透过候选人的简历和面试表现，发掘其深层次的潜力和特质。在自媒体领域，创意策划、内容生产、运营推广等岗位对人才的要求各不相同。创业者需要全面评估候选人的专业能力、学习潜力、团队意识等，选拔最适合的人才，使其在合适的岗位上发挥最大价值。同时，创业者要重视候选人的个人品德和价值观，选择与企业文化相契合、能够认同团队愿景的人才，从而保证团队的凝聚力和向心力。

2.实现有效的分工合作

自媒体创业涉及多个业务环节，需要团队成员之间的无缝配合。创业者要根据每个成员的特长和经验，合理分配任务，做到人尽其才。例如，将具有敏锐市场嗅觉和创意灵感的人才安排在内容策划岗位，将擅长文字表达和视频制作的人才分配到内容生产岗位。同时，创业者要搭建高效的沟通协作机制，定期召开团队会议，促进成员之间的交流与反馈，及时解决工作中遇到的问题。

3.注重团队成员的培养和激励

一方面，创业者要为团队成员提供持续的学习机会，鼓励其掌握新的知识和技能，提升其业务水平；另一方面，要建立公平合理的绩效评估和激励机制，根据团队成员的工作表现给予相应的物质和精神奖励，调动其工作积极性。只有在发展与激励并重的氛围中，团队成员才能保持昂扬的斗志和创新的动力，为自媒体创业的成功贡献自己的力量。

精英团队的构建是一个需要创业者持续投入精力的过程。选拔优秀人才、实现有效分工只是第一步，打造团队凝聚力、提升团队战斗力才是根本目的。创业者要以开放包容的心态，营造互信互助的团队氛围，引导成员形成共同的价值观和目标感，使其在工作中充分发挥聪明才智。

(二)运营效益分析

运营效益分析是指借助科学、系统的分析方法，准确评估团队运营状况，发现问题并及时优化调整，从而提升整体运营效率和效益。在"互联网+"时代，海量的用户行为数据和平台数据为运营效益分析提供了丰富的素材，数据驱动决策已经成为自媒体创业团队的必修课。

要开展有效的运营效益分析，首要明确分析目标和指标体系。自媒体创业团队的运营目标通常包括提升内容传播力、扩大用户规模、增强用户黏性、实现商业变现等。针对这些目标，需要设计科学的指标体系，包括内容生产、传播效果、用户增长、互动转化、收益状况等各个方面。常用的分析指标有阅读量、点赞量、转发量、评论数、用户数、留存率、付费转化率、广告收入等。持续监测这些指标的变化趋势，可以全面把握团队运营的健康程度。

在明确分析框架后，需要采集和整理各类运营数据。一方面，要从自媒体平台后台获取内容和用户数据，如文章阅读数据、视频播放数据、用户画像数据等；另一方面，要利用第三方数据分析工具，追踪内容传播效果和用户行为轨迹。对于采集到的海量数据，需要运用专业的数据处理方法进行清洗、筛选和加工，去除冗余和异常数据，提取关键信息，并按照一定的维度和粒度进行结构化处理，形成直观、易用的数据集。

在数据基础上，运用各类数据分析模型和工具，挖掘数据背后的规律。例如，通过对内容传播数据进行聚类分析，识别热点话题和爆款内容的特征，优化选题策略；通过对用户数据进行画像分析，了解用户的人口属性、兴趣爱好、消费习惯等，实现精准营销；通过对互动数据进行情感分析，把握用户情绪倾向，改进内容生产和互动方式。在分析过程中，要注重发现关键指标之间的相关性和因果关系，揭示运营问题的根源所在。

运营效益分析的最终目的是指导决策优化，提升运营效率。基于数据分析结果，自媒体创业团队可以调整内容生产策略，聚焦用户需求，提高内容质量；优化传播渠道组合，扩大内容触达范围；完善用户运营机制，提升用户活跃度和留存率；创新商业变现模式，拓展盈利渠道。同时，要建立数据驱动的团队绩效考核体系，将关键运营指标分解到各个岗位，激励团队成员提升工作效能。

运营效益分析是一个持续优化、不断迭代的过程。自媒体创业团队需要培养数据思维，将数据分析贯穿到运营工作的全流程，形成分析—决策—执行—复盘的闭环管理机制。一方面，要及时跟进外部环境和行业趋势的变化，调整分析框架和指标体系；另一方面，要不断地更新数据分析模型和工具，提高分析的科学性和前瞻性。只有长期坚持数据驱动运营，自媒体创业团队才能在激烈的市场竞争中赢得先机，实现可持续发展。

（三）团队沟通与成长

在创业过程中，团队成员需要通过有效的沟通，建立起共同的愿景和目标，形成高度的默契和凝聚力。只有这样，团队才能齐心协力，攻坚克难，实现自媒体创业的理想。

1. 强化内部协作

自媒体创业涉及内容生产、渠道运营、商业变现等多个环节，需要团队成员各司其职，密切配合。这就要求团队建立起完善的内部协作机制，明确分工，理顺流程，确保各项工作高效、有序地开展。同时，团队应注重协作意识和能力的培养，鼓励成员互帮互助，营造积极向上的团队氛围。

2. 持续学习

自媒体行业瞬息万变，新技术、新模式层出不穷。团队必须时刻保持学习的热情，紧跟行业前沿动态，不断更新知识和技能。这既需要成员个人的主动性，也需要团队搭建起完善的学习平台和机制。例如，定期举办内部分享会、邀请业内专家开展培训、组织团队外出考察等，为成员提供丰富的学习资源和机会。

3. 重视人才的选拔和培养

优秀的人才是自媒体创业成功的关键，也是团队持续发展的动力。在招聘时，团队要立足岗位需求，科学设置选拔标准，全方位考察候选人的专业素质和发展潜力。入职后，团队要根据成员的特点和需求，提供个性化的培养方案，帮助其快速成长。同时，要建立公平、透明的晋升机制，为优秀人才搭建畅通的发展通道，激发其积极性和创造力。

第四节　众创空间创业模式

一、众创空间的概念与特征

(一)定义

众创空间作为一种新兴的创业服务平台,在创业生态系统中占据着重要地位。它的出现为创业者提供了更加开放、多元、灵活的创业环境。众创空间的定位可以从物理空间、服务平台和创业社区三个维度来理解。

1.物理空间

众创空间提供了一个低成本、便利化、全要素的工作空间,集中了创业所需的各类硬件设施,如办公场地、会议室、网络设备等。与传统的写字楼相比,众创空间的办公环境更加灵活多变,注重激发创意灵感,营造轻松愉悦的氛围。同时,众创空间提供了零售、餐饮、休闲等配套服务,让创业者可以全身心地投入工作中。

2.服务平台

众创空间搭建了一个集政策支持、创业辅导、投融资对接等于一体的综合服务体系。入驻的创业团队不仅可以享受到房租减免、财税优惠等扶持政策,还能获得创业导师的专业指导,参与各类培训和沙龙活动。众创空间还充当了连接创业项目与投资机构的桥梁,帮助初创企业对接天使投资、风险投资,推动项目快速成长。

3.创业社区

众创空间凝聚了一批志同道合的创业者,形成了彼此信任、合作共赢的创业文化氛围。在这里,创业者可以相互交流想法,分享经验教训。不同领域、不同背景的创业者聚集在一起,往往能激发更多的创新可能。众创空间还定期举办创业大赛、项目路演等活动,为创业者提供展示自己、寻求合作的舞台。

(二)核心特征

众创空间作为一种新兴的创新创业服务平台,具有开放性、合作性和创新支持性的核心特征。这些特征使其成为“互联网+”时代推动大学生创业的重要载体。

1.开放性

众创空间打破了传统孵化器的封闭式运作模式，通过汇聚各类创新资源，搭建开放共享的创业生态系统。在众创空间中，大学生创业者可以自由出入，灵活使用各种设施设备，与导师、投资人、消费者等利益相关方广泛互动。这种开放的氛围有利于激发创业者的创造力，加速创意和产品的更新换代。同时，众创空间的开放性体现在组织边界的弹性上。它可以根据创业项目的需求，柔性吸纳外部资源，动态优化空间布局，为创业团队提供个性化、菜单式的服务。

2.合作性

作为创业生态系统的枢纽，众创空间连接了高校、企业、社会组织等多元主体，促进了资源的优化配置和高效流动。在这个生态位中，大学生创业者能够获得全方位的创业支持，如政策咨询、项目辅导、天使投资等。通过跨界合作和资源共享，众创空间打通了创业活动的各个环节，降低了大学生创业的成本和风险。合作理念还贯穿于众创空间的日常运营中。

3.创新支持性

众创空间不仅为大学生创业者提供低成本的物理空间，还注重创新能力的培育和创新文化的营造。众创空间通过开展创新讲座、训练营等活动，帮助创业者掌握最新的创业知识和技能。同时，它搭建了前沿科技平台，引进3D打印、虚拟现实等先进设备，让创业者零距离体验科技创新的魅力，提升科技创业的能力。众创空间倡导包容失败的文化氛围，鼓励创业者大胆尝试，在创新实践中积累经验、收获成长。

二、众创空间对大学生创业的支持与服务

(一)提供资源共享与技术协助

众创空间集聚了丰富的创业资源，包括创业导师、技术专家、投资机构等，为创业者提供全方位的指导和帮助。同时，众创空间为创业团队提供低成本的办公

场地、共享设备和配套服务，减轻了初创企业的经济负担，为其成长创造了良好的物质条件。

在众创空间中，创业团队可以共享各类创业资源，实现优势互补和资源整合。创业者可以与其他团队交流经验、分享资源，开展合作与协同创新，激发创意灵感，优化创业方案。

众创空间注重为创业项目提供专业化、精准化的技术支持与服务。针对创业团队在产品研发、技术攻关等方面的需求，众创空间引入了高校、科研院所、行业企业等多方资源，提供技术咨询、检测认证、仪器设备等服务，帮助创业者解决技术难题，提升产品品质和核心竞争力。同时，众创空间为创业项目量身定制辅导计划，提供专属的创业导师，对创业团队进行全过程指导和服务，助力其加速成长。

(二)创业辅导和网络搭建

众创空间通过为大学生创业者提供专业化、多元化的创业辅导和交流活动，有效地促进了大学生创业项目的成长和发展。在众创空间中，一支由创业导师、行业专家、投资人等组成的导师团队，为大学生创业者提供全方位的指导和帮助。这些导师不仅具有丰富的创业实战经验和行业资源，而且具有富含启发性的教学方式和敏锐的洞察力。他们通过定期开展创业辅导讲座、一对一咨询、项目诊断等方式，帮助大学生创业者梳理创业思路、优化商业模式、完善产品方案，使其创业项目更具可行性和市场竞争力。

除了提供专业化的创业辅导，众创空间还注重为大学生创业者搭建交流学习的平台。通过组织创业沙龙、项目路演、创客论坛等多种形式的交流活动，众创空间为大学生创业者提供了展示自我、互学互鉴的机会。在这些活动中，创业者可以分享彼此的创业经验和心得，探讨创业过程中遇到的困惑和挑战，共同探索解决方案。这种同侪交流不仅能够激发创业者们的灵感和创意，还能够帮助其开阔视野、建立人脉，为未来的创业发展奠定基础。

(三)联系产业链与市场接轨

大学生创业往往具有创意新颖、富有活力的特点，但受限于市场经验不足、资源匮乏等因素，创意难以转化为具有市场竞争力的产品或服务。而众创空间恰恰能够补齐这一短板，为大学生创业团队搭建起通向市场的桥梁。

众创空间通过提供专业化、精准化的产业链资源，帮助大学生创业项目实现与市场的有效衔接。众创空间会组织创业导师和行业专家对项目进行评估诊断，从市场需求、技术可行性、商业模式等维度把脉，找出项目存在的问题和不足。在此基础上，导师会给出有针对性的优化建议，引导团队调整完善，提升项目的市场适应性。众创空间还会利用自身的产业资源优势，为优质项目牵线搭桥，促成与上下游企业的合作对接。这不仅扩大了项目的市场影响力，也为其后续发展提供了资源保障。

众创空间有助于引导大学生创业团队进行市场化思考。一方面，众创空间会组织创业培训和讲座，邀请成功创业者分享经验，帮助大学生了解市场规律，把握发展趋势，树立商业思维意识；另一方面，众创空间鼓励创业团队走出去，深入市场一线，通过调研、体验等方式直面用户需求，直接获取市场反馈。这种锻炼模式，能够加速大学生创业团队的市场化进程，使其创业项目更贴近市场实际。

三、众创空间创业模式的运作机制

（一）成员入驻机制

成员入驻机制是众创空间运作的重要基础，它决定了众创空间能否持续引入高质量的创业资源，保持创新创业生态的活力。

1.科学合理的入驻标准

众创空间需要根据自身的定位和资源禀赋，制定切实可行的入驻标准。一般而言，入驻团队应具备明确的创业方向、可行的商业模式、稳定的团队结构等基本条件。同时，众创空间应重点考察团队的创新能力、成长潜力以及与空间主题的契合度。只有严格把关、择优录取，才能为众创空间的可持续发展提供动力。

2.规范高效的遴选流程

众创空间要建立专业化的项目评审委员会，由行业专家、投资人、创业导师等组成，对申请入驻的团队进行多维度、全方位的考察。评审过程应包括材料审核、面试答辩、尽职调查等环节，全面了解团队的实力和诚信状况。同时，遴选流程要做到公开透明、程序严谨，确保评审结果公平公正。

3.贴心周到的入驻服务

众创空间要为入驻团队提供全方位的支持与服务，包括办公场地、项目对接、社群活动、创业辅导等。这些服务不仅能够满足初创团队的基本需求，还能营造良好的创业氛围，激发创业者的斗志和热情。

4.精准有效的宣传推广

众创空间要主动出击，通过线上线下相结合的方式，向潜在的入驻对象推介自身的优势和特色。例如，可以利用官网等网络平台发布入驻信息，吸引更多优质项目主动申请；可以积极参与创业赛事、产业论坛等线下活动，挖掘和对接高潜力的创业团队。

（二）项目孵化过程

在众创空间的孵化过程中，项目培育通常遵循一个科学、规范的流程，帮助创业团队完善商业模式，提升产品竞争力，加速成长和发展。众创空间的项目孵化过程通常分为以下几个关键阶段。

在早期阶段，创业团队需要向众创空间提交项目申请，详细阐述项目的创意、市场前景、团队组成等基本情况。众创空间会对申请项目进行严格评审，筛选出具有市场潜力和创新价值的优质项目。通过评审的项目将正式进入孵化期，获得众创空间提供的一系列增值服务。

在孵化期内，众创空间会为创业项目量身定制培育方案，提供全方位的支持和指导。众创空间会安排专业的创业导师，为创业团队提供商业模式优化、产品研发、市场营销等方面的咨询建议，帮助团队找准发展方向，规避创业风险。众创空间会提供各类创业培训和主题工坊，邀请行业专家、成功创业者分享经验，提升创业团队的综合能力。众创空间还会为创业项目提供物理空间支持，包括办公场地、会议室、实验室等，满足项目研发和运营的基本需求。

随着孵化的深入推进，创业项目将逐步完善商业模式，形成可行的产品原型或服务方案。在这个阶段，众创空间会引导创业团队加强与潜在客户、合作伙伴的沟通交流，通过小范围试点或市场测试，验证产品的可行性和受众接受度。同时，众创空间会提供专业的财务、法律咨询服务，帮助创业团队规范公司运作，防范法律风险。

当创业项目达到一定的成熟度后，众创空间会着力推动项目向市场化和规模化发展。一方面，众创空间会牵线搭桥，为创业项目对接潜在的投资机构，争取获得天使轮或A轮融资，为后续发展提供资金支持；另一方面，众创空间会帮助创业项目构建营销渠道，拓展客户资源，提升品牌影响力和市场竞争力。优秀的创业项目有机会参与众创空间组织的创业大赛、路演等活动，赢得更多的曝光机会。

在项目孵化周期结束后，成功实现市场化运作的创业企业将正式“毕业”离开众创空间，迈入更广阔的发展空间。即便如此，众创空间也会持续关注“毕业”企业的成长，适时提供资源对接、业务合作等机会，维系长期、紧密的联系。这种孵化—加速—赋能的持续支持，为众创空间内的创业项目搭建了一条清晰、高效的成长途径。

（三）持续成长与退出机制

在企业成熟后，合理有序地退出不仅能为创业者带来回报，也能为众创空间注入新的活力，促进创新创业的可持续发展。

企业成熟后的退出方式多种多样，包括股权转让、并购重组、IPO（首次公开发行）上市等。不同的退出方式对企业发展阶段、所处行业、市场环境等因素有着不同的适用性。以股权转让为例，这种退出方式较为灵活，适合尚未达到上市条件但已具备一定成长性的企业。通过引入新的投资者，创业者可以获得资金支持，优化股权结构，为企业的进一步发展奠定基础。而对于处于成熟期、具备较强市场竞争力的企业而言，IPO上市是一条重要的退出途径。上市不仅能够为企业带来直接的融资，提升企业的市场知名度和影响力，也能够促进企业治理结构的优化，推动其不断规范化、专业化。

从众创空间的角度来看，企业的有序退出有利于实现创业资源的优化配置。通过企业退出机制，众创空间可以及时淘汰不具备成长潜力的项目，将资源集中投入最具发展前景的创业团队。这一过程不仅能够提高众创空间的运营效率，也能够最大限度地发挥创业孵化的积极效应。同时，成熟企业的退出为新的创业项目提供了发展空间，形成创新创业的良性循环。退出企业的成功经验能够激励更多潜在的创业者加入创新创业队伍中，而腾出的场地、资金等创业资源则能够支持更多优质项目的孵化与成长。

对于新企业而言，众创空间的退出机制提供了一个清晰的发展途径和动力源泉。畅通的退出渠道能够缓解创业者的后顾之忧，使其能够专注于企业的经营与发展。创业者明确了退出方向，就能够根据不同的发展阶段制订有针对性的战略规划，推动企业不断成长、成熟。退出机制对新企业而言也是一种激励和督促。创业团队深知，只有加快技术创新、产品研发和市场拓展的步伐，才能在激烈的竞争中脱颖而出，实现基业长青。这种危机感和紧迫感，能够促进企业不断优化经营管理，提升核心竞争力。

四、众创空间创业模式的发展策略

(一)策略性布局与专业化运营

众创空间作为一种新兴的创新创业服务平台,需要在布局和运营上进行精准定位和持续优化,以更好地满足创业团队的多样化需求。

从策略性布局的角度来看,众创空间需要根据自身的资源禀赋和区位优势,选择特定的产业领域和创业群体作为服务对象。通过聚焦细分领域,众创空间可以集中优势资源,提供更加专业化、精准化的服务。同时,合理的空间布局有助于促进创业团队之间的交流互动,营造良好的创业生态。例如,一些众创空间选择布局在高校周边或者产业集群内,借助区位优势吸引特定领域的创业者入驻。

从专业化运营的角度来看,众创空间需要不断完善内部管理体系,提升服务质量和运营效率。这要求众创空间建立起一支专业化的运营团队,通过引进专业人才、优化管理流程等方式,为创业者提供高水平的创业辅导、资源对接等服务。同时,众创空间应该建立科学的绩效评估体系,定期评估服务质量和运营效率,并根据评估结果进行持续改进。

众创空间需要与外部机构建立紧密的合作关系,整合各方优质资源,为创业者提供全面、多元的服务。例如,众创空间可以与高校、科研院所合作,引入前沿技术和高端人才;与行业龙头企业合作,为创业项目提供市场渠道和产业资源;与投资机构合作,为优质项目提供融资支持。通过构建多方合作的生态体系,众创空间可以集聚整合更加丰富的创新创业资源。

(二)合作联盟与生态构建

众创空间通过与高校、科研院所、企业、投资机构等外部机构开展多方位合作,整合各类创新创业资源,为创业者提供全方位、专业化的服务,营造良好的创业氛围,推动区域创新创业生态繁荣发展。

1.众创空间与高校的合作

高校是人才会聚之地,拥有雄厚的科研实力和智力资源。众创空间通过与高校共建大学生创业孵化基地,为大学生创业者提供办公场地和技术支持、创业指导等服务,帮助他们将创意转化为现实。同时,众创空间能为高校师生搭建产学研合作平台，促进科技成果转化，推动校企深度融合。这种合作模式不仅有利于提升高校的社会服务能力，也为众创空间注入了源源不断的创新动力。

2.众创空间与科研院所的合作

科研院所是科技创新的重要源头，拥有大量前沿技术和高价值专利。众创空间通过与科研院所共建技术转移中心，搭建科技成果交易平台，促进科技成果的商业化应用。科研人员可以在众创空间找到合适的创业伙伴，获得创业指导和资金支持，加速科研成果产业化进程。这种合作有助于缩短科技成果从实验室走向市场的周期，提高科技创新效率。

3.众创空间与企业的合作

众创空间可以为企业提供技术、人才等创新资源，帮助企业突破发展“瓶颈”，实现转型升级。企业也可以为众创空间的创业者提供市场信息、渠道资源、管理经验等支持，帮助初创企业快速成长。一些大型企业还通过与众创空间合作，建立自己的企业孵化器，发掘和培育潜在的合作伙伴或并购对象。众创空间在企业开放式创新战略中发挥着越来越重要的作用。

4.众创空间与投资机构的合作

众创空间通过与天使投资人、风险投资机构建立合作关系，为优秀创业项目搭建融资对接平台，提供从种子期到成长期的全周期投融资服务。一些众创空间还设立了自己的创业投资基金，以众筹、跟投等方式支持创业项目发展。投资机构的参与不仅为创业企业带来了宝贵的资金支持，也为其注入了市场化的基因和职业化的管理理念。

众创空间还积极与政府、行业协会、海外机构等建立合作关系，共同营造良好的创业生态环境。例如，众创空间可以承接政府的创新创业政策，为创业者争取税收减免、资金补贴等优惠措施；与行业协会合作，为创业者提供行业信息、市场机会、专业培训等资源；与海外孵化器合作，帮助创业者拓展国际市场，对接全球创新网络。

第三章　"互联网+"助力大学生就业创业的路径探索

第一节　利用互联网平台拓宽就业渠道

一、依托招聘网站精准投递简历

(一)解析招聘网站算法优化简历

招聘网站作为大学生求职的重要渠道,其背后蕴藏的技术和算法对简历的筛选和面试机会的获取产生了深远影响。通过深入了解招聘网站的运作机制,大学生能够更有针对性地优化简历,提升求职成功率。

招聘网站通常采用基于关键词匹配和机器学习的算法来筛选简历。这意味着,简历中的关键词与职位描述的匹配度越高,越容易通过初筛,获得面试机会。因此,大学生在撰写简历时,应仔细研读职位描述,提炼出核心关键词,并有机融入简历各部分,如教育背景、实习经历、项目经验等。同时,简历的格式和内容应采用清晰的结构、简洁的语言、量化的成果呈现方式等。

招聘网站会基于求职者的搜索行为、浏览记录、互动数据等,利用个性化推荐算法,向其推送匹配度较高的职位信息。大学生可以有意识地在平台上积累高质量的行为数据,如关注与自身背景相符的公司和岗位,主动参与雇主发起的在线互动,以便获得更加精准的职位推荐。

招聘网站日益重视社交媒体数据在人才招聘中的应用。越来越多的招聘算法开始分析求职者的社交媒体数据,如关注的领域、分享的内容、人际网络等,作为评估其能力和匹配度的重要依据。大学生可以通过专业、积极的社交媒体表现,塑造个人品牌,提升在招聘算法中的得分。这不仅可以增加面试机会,也为其未来的职业发展奠定基础。

(二)针对职位要求调整简历

在求职过程中,精细化调整简历以匹配职位要求可以帮助求职者从众多竞争者中脱颖而出，提高求职成功率。简历作为求职者的“名片”，应该充分体现个人优势和与职位的匹配度。因此，求职者需要深入研究职位描述，提炼出关键词，并将其巧妙地融入简历中。

首先，求职者应该仔细阅读职位描述，找出其中提到的专业技能、工作经验、性格特质等关键要素。其次，求职者需要对照这些要素，思考自身的优势所在，并有针对性地在简历中突出相关内容。例如，职位要求具备某项专业技能，求职者可以在简历中详细列举自己掌握该项技能的经历和成果；职位强调团队协作能力，求职者可以重点描述自己在团队项目中发挥的作用和取得的成绩。

在调整简历时，求职者应该注意使用与职位描述相匹配的关键词和术语。这不仅能够体现求职者对该领域的了解程度，也能够提高简历在筛选系统中的匹配度。许多企业在初步筛选简历时会使用自动化系统，这些系统会根据预设的关键词来判断简历的相关性。

求职者应该根据不同职位的特点，调整简历的整体风格和侧重点。例如，创意类职位可能更看重求职者的创新思维和艺术才能，技术类职位则可能更关注求职者的专业技能和项目经验。求职者需要根据这些差异，有针对性地设计简历版式、调整内容顺序、突出重点信息，以契合不同职位的要求。

在匹配职位要求的同时，求职者要避免过度“投机取巧”。简历内容必须真实可信，切忌夸大其词或虚构经历。求职者应该以诚信的态度对待每一份简历，展现真实的自我。

二、利用社交媒体建立职业人脉

(一)构建专业形象与拓展职业网络

在当今信息化时代，社交媒体已经成为大学生职业发展的重要平台。职业社交网站为大学生提供了展示自我、拓展人脉的绝佳机会。建立专业形象和维护个人品牌，是大学生在职业社交平台上取得成功的关键。

大学生要充分认识到职业社交平台的重要性。与传统的求职渠道相比，职业社交网站聚集了大量的行业精英和职场前辈，是了解行业动态、寻求职业机会的宝贵资源。通过在这些平台上建立个人档案，展示自己的教育背景、实习经历、专业技能等，大学生能够吸引潜在雇主的注意，为未来的职业发展奠定基础。

打造专业形象是在职业社交平台上脱颖而出的关键。这要求大学生在填写个人信息时言简意赅、重点突出，凸显自己的专业特长和竞争优势。在个人简介中，要清晰地阐述自己的职业目标和发展规划，展现出积极上进的态度和坚定的职业追求。同时，要注重个人形象的视觉呈现，选择得体的头像，使用简洁大方的版式设计，给人以专业、可信的印象。

大学生要主动拓展职业人脉，积极参与社交互动。在职业社交平台上，大学生可以通过点赞、评论、分享等方式参与互动，增加自己的曝光度，引起他人的关注。大学生还可以加入各种行业群组、校友组织，与志同道合的人建立联系，分享彼此的见解和经验。

大学生还要注重个人品牌的长期经营。这需要持之以恒地更新自己的动态，分享自己的学习心得、项目成果、行业见解等。通过高质量的内容输出，大学生能够展示自己的专业素养和思考深度，从而获得更多人的关注和认可。同时，要注重与他人的互动交流，及时回复评论、私信，表现出良好的沟通能力和职业素养，树立积极正面的个人形象。

（二）社交媒体互动与网络拓展策略

在这个信息高度流通的时代，社交媒体为大学生提供了一个展示自我、建立人际关系网络的舞台。通过在社交媒体上分享个人经历、专业见解和创意作品，大学生能够塑造专业形象，吸引潜在雇主的关注。同时，社交媒体为大学生提供了一个与业内人士交流、向其学习的机会。通过与行业专家互动，大学生能够及时了解行业动态，掌握市场需求，为未来求职做好充分准备。

在社交媒体上建立职业人脉需要大学生投入时间和精力，不断学习和调整策略。在这个过程中，要注重保护个人隐私，避免过度曝光或泄露敏感信息。同时，要提高信息辨别能力，警惕虚假信息和网络诈骗。只有合理地利用社交媒体，才能真正为未来就业创造有利条件。

高校教育工作者应该引导大学生正确认识和使用社交媒体，提高其就业能力。比如，可以开设相关课程或讲座，传授社交媒体互动技巧和职业规划知识；可以邀请企业人力资源专家或成功校友，分享社交媒体求职经验。高校通过将理论指导与实践分享相结合，帮助大学生掌握社交媒体这一有力工具，为其职业发展奠定基础。

（三）分析社交媒体对职业发展的影响

对于个人职业发展，社交媒体提供了一个帮助职场人士拓展人脉、获取资源、展示能力的平台。

从建立职业形象的角度来看，社交媒体为职场个体提供了一个塑造个人品牌形象的舞台。通过在职业社交平台上分享行业见解、个人成就和独特经历，职场人士能够树立专业、可信的形象，吸引潜在的合作伙伴和雇主的关注。同时，积极参与在线讨论和互动，表达自己的观点和看法，有助于展示个人的沟通能力和领导风范，提升职业影响力。

从拓展人脉网络的角度来看，社交媒体打破了时空限制，使职场人士能够与来自不同领域、不同地区的专业人士建立联系。通过加入行业协会、参与线上研讨会、关注意见领袖等方式，个人可以持续扩大自己的人脉圈，结识潜在的合作伙伴、导师乃至未来的雇主。这种跨越地域和组织边界的人际互动，不仅有助于拓宽视野、激发创意，而且能为个人的职业发展带来意想不到的机遇。

从获取行业资讯的角度来看，社交媒体是了解行业动态、掌握前沿趋势的重要渠道。通过关注权威媒体、行业专家和领先企业的官方账号，职场人士能够及时获取最新的行业资讯，洞悉市场变化和技术趋势。这不仅有助于个人及时调整职业规划和技能培养，还能帮助其在工作中作出正确决策，保持竞争优势。

三、利用互联网数据分析就业市场需求

（一）掌握数据分析工具进行市场研究

在当今快速变化的商业环境中，企业需要及时、准确地洞察市场动态，把握消费者需求，这样才能制定合理的发展战略。互联网技术的飞速发展为市场研究提供了前所未有的机遇，大数据、云计算、人工智能等先进工具的应用，使得海量信息的收集、处理和分析变得更加高效、精准。

对于企业而言，熟练运用数据分析工具开展市场调研已经成为一项必备技能。通过对销售数据、用户行为、社交媒体等渠道获取的数据进行挖掘和建模，企业可以深入了解消费者的偏好、习惯和痛点，进而优化产品设计、改进服务质量、调整营销策略。数据驱动的决策不仅能降低市场风险，提高资源配置效率，还能帮助企业发现新的商业机会，抢占市场先机。

掌握数据分析工具能够帮助企业实现精细化运营和个性化服务。在电商领域，推荐系统通过分析用户的历史浏览、购买记录，为其推送感兴趣的商品，从而提升转化率和客单价；在金融领域，风控模型通过分析客户的信用记录、行为特

征，对其违约风险进行评估，从而做出审批决策；在制造领域，预测性维护通过分析设备的运行数据，提前发现潜在故障，从而减少停机时间和维修成本。这些应用场景无不彰显了数据分析工具在现代商业中的重要价值。

（二）预测行业趋势，调整职业规划

在互联网时代，大数据技术的迅猛发展为行业发展趋势分析和预测提供了新的思路和方法。面对海量、多源、异构的行业数据，传统的分析方法已经难以满足精准预测和及时决策的需求。因此，掌握先进的大数据分析技术，挖掘数据背后的价值，已成为准确把握行业发展方向、实现职业规划动态调整的关键。

大数据分析技术能够从海量数据中发现隐藏的模式和规律，揭示行业发展的内在逻辑。对行业相关数据进行采集、清洗、整合和分析，可以全面梳理行业发展脉络，洞察市场需求变化，把握技术创新趋势。在此基础上，结合数据挖掘、机器学习等技术手段，就能够建立行业发展预测模型，对未来一段时间内行业的整体走势、关键影响因素等进行科学预判。这为个人职业规划提供了可靠的数据支撑和决策参考。

借助大数据分析能够精准把握行业人才需求特征，为个人职业发展规划的优化提供依据。对招聘网站、行业报告、专家访谈等渠道的数据进行深度挖掘，可以准确把握行业对不同专业、不同层次人才的需求变化，识别未来一段时间内的紧缺人才类型。同时，运用文本挖掘、语义分析等技术，可以提炼出行业人才的核心能力要求和素质特征。个人可以据此评估自身的知识结构和能力水平，找出与行业需求的差距，并有针对性地制订学习提升计划，从而实现职业规划的动态调整。

第二节　借助互联网工具提升就业技能

一、利用在线教育平台开展职业技能培训

（一）平台选择策略

在线教育平台提供了丰富多样的学习资源，涵盖了不同专业领域和技能方向。大学生应根据自身的职业发展规划和兴趣爱好，有针对性地选择适合自己的平台。一般而言，综合性的在线教育平台能够满足大多数大学生的基本学习需

求，它们集合了全球顶尖大学和机构的优质课程，涉及计算机科学、商业管理、人文艺术等多个学科，有助于大学生全面提升专业素养和综合能力。

有明确职业发展方向的大学生，则可以选择专业性更强的在线教育平台。例如，设计专业的大学生可以在设计师社区学习优秀作品案例，参与设计竞赛。这些垂直领域的平台能够提供更专业、更实用的学习内容，帮助大学生快速提升职业技能，提高就业竞争力。

除了学习内容，大学生在选择在线教育平台时还应考虑平台的教学模式和互动性。优秀的在线教育平台不仅可以提供高质量的教学视频，还应该配备与课程内容相配套的练习题、项目作业、在线讨论区等，便于大学生及时巩固所学知识，加深理解。大学生还可以通过讨论区与授课教师、其他学员交流切磋，分享学习心得，拓展思路。

大学生在选择在线教育平台时，应考虑平台的口碑和认可度。知名度高、用户评价好的平台往往意味着更优质的教学内容和服务。大学生可以通过搜索引擎、社交媒体、学校就业指导中心等渠道，了解不同平台的信息和评价，作出理性选择。对于付费课程，大学生还应权衡性价比，根据自身的经济状况和学习需求，选择能够带来较好学习效果的课程。

(二)学习方案规划

制订高效的在线学习计划和目标是实现“互联网+”助力大学生就业创业的关键。因此，明确学习目标，合理规划学习进程，成为在线学习成功的首要前提。

大学生应根据自身的就业创业方向，有针对性地选择在线学习内容。例如，有意向从事电子商务的大学生，可以重点学习网店运营、网络营销等方面的知识和技能；有志于从事软件开发的大学生，则应着力提升编程语言、算法设计等能力。这种有的放矢的学习方式，能够最大限度地发挥在线教育的优势，帮助大学生在短时间内掌握专业领域的核心知识和关键技能。

在确定学习内容后，大学生需要合理分配学习时间，制订切实可行的学习计划。一方面，要根据课程难易程度、自身学习能力等因素，估算完成每个学习任务所需的时间，避免因学习任务过重而产生畏难情绪；另一方面，要结合自身的作息规律，利用碎片化时间开展在线学习，养成持之以恒的学习习惯。

高效的在线学习离不开科学的学习方法。与传统课堂教学不同，在线学习更强调大学生的自主探索和主动思考。大学生应该充分利用在线学习平台提供的互动交流机会，与教师、同学积极沟通，分享学习心得，解决学习困惑。在学习过程中，大学生还应该及时记录、总结重点知识，加强知识的内化和应用。同时，将理论与实践相结合，把所学知识运用到就业创业实践中，这样才能真正提高学习效果，实现自我价值。

(三)学习效果评估

系统、科学的学习效果评估不仅有助于学习者了解自身的学习状况，调整学习策略，也为在线教育平台的优化完善提供了重要依据。

1.建立合理的评估指标体系

传统的学习评估往往过于注重对知识的掌握程度，忽视了能力的培养和素质的提升。而在线教育平台的学习效果评估应该更加全面、立体，既要考查学习者对知识点的理解和运用，也要关注其在学习过程中的参与度、互动性和自主性。同时，评估指标应该具有针对性和可操作性，既要体现在线教育的特点，又要方便数据的收集和分析。

2.构建多元化的评估方法

单一的评估方式难以全面反映学习者的真实水平，容易导致片面或错误的评判。因此，在线教育平台应该采用多种评估方法相结合的方式，如在线测试、互动讨论、项目实践、学习行为分析等，从不同维度、不同角度考查学习者的表现。通过定性与定量、过程性与终结性评估的有机结合，可以更加准确、客观地评价学习效果。

3.充分利用大数据技术

在线教育平台汇聚了海量的学习行为数据，蕴藏着学习过程和学习结果的重要信息。运用大数据分析技术，可以快速、精准地挖掘出学习者的学习特点、优势和不足，为个性化的学习干预提供依据。同时，大数据分析能发现学习资源的利用情况、学习活动的参与度等关键指标，为在线教育平台的优化迭代提供数据支撑。

4.建立实时反馈机制

评估的目的不仅在于了解学习效果，更在于及时改进学习行为。因此，在线教育平台应该构建实时、动态的反馈机制，根据评估结果为学习者提供有针对性的学习建议和指导,帮助其调整学习策略,改善学习体验。同时,评估反馈要面向教学设计者和管理者,为其完善课程内容、优化平台功能提供决策参考。

二、运用求职网站和 App 提升求职技巧

(一)模拟面试演练

模拟面试是求职网站和 App 提供的一项重要功能,对帮助大学生提升求职技巧、增强就业竞争力具有重要意义。借助这些平台,大学生可以在真实情境中感受面试流程,锻炼应变能力和表达技巧。与传统的面试指导相比,模拟面试更加直观、互动和个性化,能够为大学生提供身临其境的体验和有针对性的反馈。

从功能设置来看,大多数求职网站和 App 的模拟面试采用了视频录制的形式。大学生可以根据自己的求职意向,选择与之相匹配的面试场景,如销售、管理、技术等。在回答问题的过程中,系统会通过摄像头捕捉大学生的表情、肢体语言等非语言信息,并利用人工智能技术进行分析。这种全方位的信息采集,有助于大学生全面地审视自己的面试表现,发现优势和不足。

除了视频录制,一些求职平台还提供了虚拟面试官的功能。大学生可以与人工智能系统进行实时互动,根据面试官的提问进行回答。系统会通过语音识别和自然语言处理技术,对大学生的回答进行实时分析和评估,给出专业的改进建议。这种人机交互的方式,让大学生能够在轻松愉悦的氛围中进行训练,减轻面试焦虑和心理压力。

从内容设置来看,求职网站和 App 的模拟面试涵盖了丰富多样的题库。这些题目大多来源于真实的面试案例,涉及自我介绍、专业知识、职业规划等各个方面。大学生可以根据自身情况,有针对性地选择练习题目。通过大量的实战演练,大学生能够熟悉面试的问答模式,积累经验,提高应变能力。同时,面对不同风格的面试官,大学生也能学会调整心态,保持自信从容的状态。

从反馈机制来看,求职平台的模拟面试都非常注重对大学生的指导和帮助。面试结束后,系统会根据大学生的表现,生成详细的评估报告。报告中不仅有总体评分,还包括仪表形象、语言表达、逻辑思维等方面的专项评价。这些量化的数据反馈,让大学生能够直观地了解自己的优劣势,明确后续提升的方向。有些平台还邀请了资深人力资源担任面试指导师,为大学生提供一对一的点评和指导。这种个性化的辅导,对于大学生改进面试技巧大有裨益。

(二)互联网工具助力职业生涯规划

职业生涯规划是一个动态、持续的过程,它要求个人根据自身特点、兴趣爱好和社会需求,设计并实施职业发展蓝图,以实现人生价值和职业理想。在这一过程中,互联网求职工具的应用为大学生职业生涯规划提供了新的思路。

互联网求职工具具有信息量大、更新速度快、互动性强等特点,能够帮助大学生全面了解就业市场动向,掌握企业对人才的需求标准。通过求职网站和 App,大学生可以浏览海量的招聘信息,分析不同行业和岗位的任职要求,明确自身的职业定位和发展方向。同时,求职工具提供了简历制作、面试辅导等功能,大学生可以参考优秀简历模板,学习面试技巧,提高求职竞争力。这些都为大学生职业生涯规划提供了翔实的信息基础和实践指导。

互联网求职工具有利于大学生树立终身学习理念,培养职业适应能力。知识经济时代对人才的要求不断变化,单一的专业知识已难以适应职场需要。通过求职工具,大学生可以及时了解市场需求变化,调整知识结构,补充新的技能。一些求职平台还提供在线课程、职业培训等服务,为大学生提供了便捷的学习渠道。大学生应充分利用这些资源,树立终身学习意识,提升核心竞争力,以应对职业生涯中的各种挑战。

互联网求职工具为大学生长远职业规划提供了更广阔的视野。通过对海量职位信息的比对分析,大学生能够纵览行业发展趋势,把握职业发展脉络。许多求职平台还设置了职业社区,用户可以与行业专家、资深员工交流互动,了解职业发展路线,获得宝贵经验。

职业生涯规划是一个循序渐进的过程,需要在深入自我认知的基础上,结合外部环境进行理性抉择。大学生应充分利用校内外资源,通过与师长、家人、朋友的沟通交流,进一步明确人生目标和职业理想。在此基础上,借助互联网求职工具拓宽视野、获取信息,形成清晰、可行的职业发展规划。

三、利用云计算工具进行简历制作和面试准备

(一)云简历制作

在当前“互联网+”时代,云计算技术的迅猛发展为简历制作提供了更加便捷、智能的新途径。传统的简历制作方式往往依赖文档编辑软件,存在格式单一、

内容更新不便等局限性。基于云计算的简历制作工具则突破了这些限制，为求职者带来了全新的体验。

优秀的云简历制作工具具有多样化的模板选择，涵盖各行各业、不同风格的简历样式。求职者可以根据自身特点和目标职位需求，灵活选择最能凸显个人优势的模板。同时，云简历支持在线编辑和实时预览，使用者能够随时调整内容和排版，并即时查看修改效果，这大大提高了简历优化的效率。

云简历制作工具还融合了大数据分析和人工智能算法，能够根据海量简历数据和招聘人员偏好，为求职者提供智能化的优化建议。例如，针对不同行业和职位，系统可以推荐适宜的关键词、技能描述等，帮助求职者突出亮点、提升简历质量。一些高级工具甚至可以通过智能解析求职者的教育背景、工作经历等信息，自动生成符合招聘方需求的个性化简历。

云简历具有强大的信息同步和管理功能。求职者可以在各大招聘平台之间无缝同步简历数据，实现“一次编辑，多平台使用”，这极大地提升了求职效率。平台还提供简历管理、投递进度跟踪等功能，帮助求职者实时掌控求职动态。

选择优质的云简历制作工具需要考虑多方面的因素。一是要评估工具的模板丰富度和可定制性，确保能够满足个性化需求；二是要关注平台的智能优化能力，利用大数据分析为简历增值；三是要权衡工具的易用性和同步管理功能，确保自身使用无障碍。

（二）云技术辅助面试

传统的面试准备往往局限于个人的经验积累和资料收集，难以全面、系统地应对面试中的各种挑战。而借助云计算的强大功能，求职者可以更加高效、精准地进行面试准备，全面提升自身的竞争力。云计算辅助下的面试准备主要体现在资料收集、知识学习、实战演练等方面。

在资料收集方面，云存储和云搜索等技术可以帮助求职者快速获取海量的行业信息、公司动态、岗位要求等，并进行智能化的分类整理，形成结构化的知识库。这不仅节省了求职者大量的时间和精力，也使求职者能够全面、深入地了解目标行业和岗位，为后续的准备奠定坚实基础。

在知识学习方面，云计算技术可以为求职者提供个性化、智能化的学习方案。通过对求职者背景特征和学习需求的分析，云平台可以推荐最优的学习资源组合，并根据学习效果进行动态调整。求职者还可以利用在线课程、视频教程、虚拟实验室等丰富的云学习资源，系统掌握面试所需的专业知识和技能。云学习不受时空限制，求职者可以根据自身情况灵活安排学习进度，真正实现因材施教、因需施教。

在实战演练方面，云计算技术可以模拟真实的面试场景，让求职者身临其境地体验面试过程。通过虚拟现实、增强现实等沉浸式技术，求职者可以与虚拟面试官进行实时互动，练习自我介绍、问题应答、案例分析等各个环节。云平台还可以利用自然语言处理、情感计算等技术，对求职者的表现进行智能评估，给出有针对性的改进建议。这种实战化、个性化的训练方式，可以有效缓解求职者的紧张情绪，提高面试技巧，增强自信心。

第三节 依托互联网资源优化创业环境

一、借助互联网技术提供创业指导培训

（一）在线创业课程的设计和实施

借助互联网平台搭建系统性创业教育课程，不仅能够打破时空限制，为大学生提供更加丰富、灵活的学习资源，还能通过线上线下相结合的方式，实现创业教育与专业教育的有机融合。

构建在线创业教育课程体系需要遵循创业教育的内在规律，突出课程设计的针对性和实效性。课程内容应紧密结合创业实践，围绕创业过程中的关键环节如创意识别、商业计划、资源整合、风险管理等进行系统设计。将理论学习与案例分析相结合，帮助大学生掌握创业所需的基本知识和实践技能。课程形式应充分利用互联网技术的优势，采用微课、慕课、直播等多元化的教学模式，为大学生营造沉浸式的学习体验。同时，课程应设置在线讨论区、创业社区等交流平台，为大学生提供展示创意、碰撞思想的空间。课程考核应突出过程性评价，注重考查大学生将所学知识运用到创业实践中的能力。可以采取创业计划撰写、创业项目路演等多样化的考核方式，以开放性的评价引导大学生积极探索。

发挥校企合作、校际协同的优势，整合多方资源，是提升在线创业教育课程质量的重要途径。高校应积极与行业企业、创业孵化器等建立合作机制，邀请企业家、创业者、创投专家等参与课程建设，为大学生传授创业经验，解答现实困惑。同时，加强高校之间的交流合作，共建优质创业教育资源库，实现资源共享，优势

互补。引入创业导师制，为大学生提供全程、个性化的创业指导服务，帮助其将创业构想落地。

在线创业教育课程的建设需要与创新创业实践活动紧密结合，促进知识学习与能力培养的融通。鼓励大学生积极参与各类创新创业竞赛、创业模拟实训、创业孵化项目等，在实践中检验所学知识，提升创业技能。学校可搭建创新创业实践平台，为大学生提供创业场地、创业资金、创业服务等支持。同时，利用互联网优势，在线链接创业资源，在信息、技术、人脉等方面为大学生的创业实践赋能。

(二)互联网技术在创业辅导中的应用

通过网络直播、视频会议等方式，高校可以邀请行业专家、成功创业者为大学生即时提供创业指导和咨询。这种模式打破了传统面授辅导的时空限制，使大学生能够更加便捷地获取优质创业资源。同时，网络直播的互动性为大学生提供了与导师实时交流、解惑答疑的机会，有助于提升创业辅导的针对性和实效性。

除了网络直播，论坛也是一种有效的创业辅导形式。高校可以搭建校内创业论坛平台，邀请校内外专家学者、创业校友等作为版主，为大学生提供持续性的创业指导服务。在论坛中，大学生可以就创业过程中遇到的困惑和挑战发帖求助，导师则可以给予专业建议和可行方案。通过论坛这一载体，大学生不仅能够获得个性化的创业辅导，还能与志同道合的创业者交流、分享，激发创业灵感，凝聚创业共识。

互联网技术为创业案例分享和交流提供了新的渠道。高校可以利用社交媒体平台，定期推送优秀创业案例，分享创业故事和经验教训。这些鲜活生动的案例不仅能够激发大学生的创业热情，还能帮助其了解创业的基本规律和常见风险，从而更加理性、审慎地制订创业计划。大学生也可以通过评论、转发等方式参与案例讨论，与创业者直接对话，加深对创业实践的理解和体悟。

互联网技术在创业辅导中的应用体现在线上创业社群的构建上。高校可以依托即时通信工具，建立线上社群，为有创业意向的大学生搭建交流平台。在社群中，大学生可以相互鼓励、相互帮助，共同成长。一些有实践经验的大学生还可以担任“创业导师”，为新手创业者传授经验、分享资源。

互联网技术虽然拓宽了创业辅导的渠道，提升了辅导的便捷性和互动性，但并不能完全取代线下面授辅导的作用。实际上，线上辅导与线下辅导应该相互补充、相得益彰。导师可以利用互联网平台为大学生提供持续性的创业指导和咨询服务，同时要适时开展面对面的辅导活动，加强与大学生的情感联结，提供更加个性化、有针对性的指导。只有将二者有机结合，才能更好地满足大学生的成长需求，提升创业教育的整体质量。

二、整合互联网资源为创业提供信息支持

（一）创业政策和市场信息的获取

在“互联网＋”时代背景下，构建在线信息平台，提供及时、准确的创业政策和市场动态，已成为优化大学生创业环境的重要途径。

一个完善的在线创业信息平台应该涵盖多个方面的内容。平台要及时更新国家和地方相关部门出台的各项创业扶持政策，包括税收优惠、资金支持、创业培训等，让大学生创业者能够充分利用这些政策红利；平台要提供丰富的行业资讯和市场分析报告，帮助创业者深入了解市场需求、竞争格局、发展趋势等，以便作出正确的战略决策；平台还应收集优秀创业项目案例，分享成功创业者的经验教训，为大学生提供借鉴和启发。

在线创业信息平台的建设要坚持以用户为中心的理念。平台要深入了解大学生创业者的实际需求，提供个性化、精准化的信息服务。同时，平台还要注重互动性和参与性，鼓励用户分享信息、交流经验，形成良性互动的创业生态圈。平台还应该与线下创业服务相结合，组织创业大赛、创新创业论坛等活动，搭建线上线下相互促进的创业服务体系。

（二）网络资源的整合与优化

在互联网时代，网络资源呈现出种类丰富、数量庞大、更新迅速等特点。面对如此复杂多变的网络环境，大学生创业者需要快速、准确地获取与创业相关的优质资源，以支撑创业项目的顺利开展。然而，海量的网络信息也给资源筛选和利用带来了挑战。因此，整合网络资源、优化资源利用方式，已经成为助力大学生创业的关键举措。

高校应发挥自身的学术优势和人才优势，积极采取行动整合校内外的创业资源。高校可以依托现有的图书馆、数据库等平台，为大学生创业者提供系统、权威的资讯服务。通过专业化的分类、检索和推送，创业者能够更加便捷地获取所需资源，提高信息利用效率。高校还应加强与企业、科研机构、创业孵化器等外部力量的合作，为创业者搭建资源共享与交流平台。利用这些平台，创业者可以与业

界专家进行深入交流，了解行业动态，获得创业指导，拓展人脉网络，为创业项目注入新的活力。

对大学生创业者而言，提高资源整合能力和信息识别能力至关重要。创业者需要主动学习和运用各类信息技术工具，如搜索引擎、数据分析软件等，以提升资源检索和筛选的针对性。同时，创业者应加强对网络信息的分析和评判，甄别信息的真伪、可靠程度，避免被虚假、过时的信息误导。创业者还需要根据创业项目的特点，有的放矢地选择资源利用策略。比如，对于技术驱动型项目，可以重点关注专利数据库、科技论文等高质量资源；对于市场导向型项目，则需要重点把握行业报告、消费者调研等市场信息。只有做到精准匹配，才能最大限度地发挥网络资源的价值。

建设资源共享与推送机制是优化网络资源利用的重要保障。相关部门、高校、企业等各方力量应通力合作，加快建设创业资源库，将分散的创业资源进行系统整合和分类管理，提升资源的连通性和可获得性。同时，应建立资源推送机制，利用大数据、人工智能等技术，为创业者精准推送与其创业领域、发展阶段相匹配的优质资源，实现资源利用的精细化、个性化。不断完善资源共享与推送机制，可以为大学生创业营造更加便捷、高效的资源环境，为创新创业教育注入新的动能。

（三）信息技术在市场研究中的应用

信息技术在市场研究中的应用极大地拓宽了市场分析的广度和深度，为企业制定科学的营销决策提供了有力支撑。大数据作为信息技术发展的重要成果，正在改变着传统的市场研究模式。大数据通过对海量数据的采集、存储和分析，能够全面、细致地刻画消费者的行为特征和偏好，发现市场需求的细微变化和深层次规律，为企业精准把握目标市场、优化营销策略提供新的思路和方法。

大数据技术在市场细分、消费者洞察、营销效果评估等方面展现出巨大优势。借助大数据，企业可以根据消费者的人口统计学特征、购买行为、社交网络互动等多维度数据，实现更加精细化的市场细分，识别出具有相似需求和偏好的消费者群体，从而制定有针对性的营销策略。同时，大数据技术能够实时跟踪消费者在线下的行为轨迹，深入洞察其决策过程和影响因素，挖掘出隐藏的消费需求和动机，为企业开发新产品、优化产品结构提供重要依据。大数据还可以帮助企业实时监测营销活动的效果，通过对销售数据、用户反馈等信息的综合分析，及时调整营销策略，提高营销投资回报率。

海量数据的采集和处理对企业的技术能力提出了更高的要求，需要专业的数据分析人才和先进的计算设施。过度依赖数据分析可能导致企业忽视消费者的情感因素和市场的不确定性，需要在定量分析和定性研究之间取得平衡。

三、依托互联网渠道拓宽创业融资渠道

(一)网络众筹平台的运用

网络众筹是伴随互联网技术发展而兴起的新型融资方式，它为创业者提供了一条便捷高效的资金募集渠道。与传统融资模式相比，网络众筹具有门槛低、效率高、风险分散等优势。

网络众筹平台的核心是借助互联网实现项目信息发布和资金募集。创业者在平台上详细介绍创业项目，包括创业理念、产品设计、市场前景、资金需求等，吸引众多小额投资者的关注和支持；投资者根据自身判断和偏好，自主选择支持的项目，并通过平台在线完成投资。当项目达到既定的融资目标后，创业者获得募集资金，投资者则根据约定获得相应的回报，如实物产品、服务体验或股权等。

为了在众筹平台上成功融资，创业者需要精心设计项目方案，提炼项目亮点，制作出吸引人的宣传材料。在项目上线后，创业者还需与平台密切配合，及时更新项目进展，与投资者保持良性互动，争取更多支持。同时，创业者要合理设置众筹目标和回报方案，既要考虑项目实际需求，又要兼顾投资者的利益诉求，在融资效率和风险控制间寻求平衡。

在使用网络众筹时，创业者还需注意一些风险和问题。一是知识产权保护，由于项目信息的公开性，创业者要提前做好知识产权规划和保护；二是资金管理，创业者要严格按照众筹方案使用资金，接受投资者的监督；三是回报兑现，创业者要对项目回报作出明确承诺，确保按时保质完成回报，维护自身信用。

网络众筹为大学生创业提供了新的融资思路和渠道。相较于银行贷款、风险投资等传统方式，网络众筹具有独特的优势。大学生创业者可以利用自身创意和专业优势，借助网络众筹平台低成本、高效率地实现资金募集。同时，众筹过程是对创业项目的检验，通过与投资者的互动交流，创业者能及时发现存在的问题，从而不断改进完善。

(二)创业投资网络平台的接洽与合作

创业投资网络平台是大学生创业者寻求资金支持和合作伙伴的重要渠道。

这些平台以互联网为基础，汇聚了天使投资人、风险投资机构等多方资源，为创业项目的孵化和发展提供了良好的生态环境。大学生创业者要充分利用这一资源优势，积极与平台对接，争取获得所需的创业资本和智力支持。

在接洽过程中，创业者要全面了解平台的投资偏好和筛选标准，有针对性地包装和推介自己的创业项目。优秀的项目计划书是吸引投资者目光的关键，其应该清晰阐述创业理念、市场前景、盈利模式等核心要素，展现出项目的独特价值和发展潜力。同时，创业者要注重提升自身的综合素质，包括专业能力、管理水平、人际沟通能力等，以赢得投资者的信任和认可。

在寻求合作伙伴时，创业者要善于利用平台资源，广泛搜寻志同道合的创业者和专业人才。一个互补性强、优势互补的创业团队是项目成功的基石。通过平台，创业者可以结识不同领域的优秀人才，借助他们的专业智慧和实践经验，完善创业方案，提升项目的可行性和竞争力。同时，通过与其他创业者交流互动，创业者能够拓宽视野，启发思路，规避潜在的风险和挑战。

天使投资是初创企业的重要资金来源。天使投资人往往是成功的企业家或专业投资者，他们不仅仅提供资金支持，更为创业者带来丰富的管理经验和人脉资源。对接天使投资人需要创业者展现出色的商业洞察力和说服力。创业者要准确把握投资人的心理需求，用专业的语言和数据证明项目的发展前景，同时彰显自身的责任心和执行力，让投资人看到项目背后的无限可能。

风险投资机构是创业企业成长壮大的助推器。相比天使投资，风险投资的金额更大，对项目的要求也更严格。创业者要深入研究风险投资机构的投资逻辑和决策流程，有策略地引起其兴趣和重视。创业者要以专业的商业计划书和路演方式，详细阐述企业的核心竞争力、市场拓展策略、财务预测等，让投资人充分了解企业的价值和成长性。同时，也要虚心接受投资人的意见和建议，与之建立良性的沟通互动渠道，共同推动企业发展壮大。

第四章 “互联网＋”助力大学生就业创业的策略研究

第一节 高校层面的培养策略

一、强化“互联网＋”就业创业实践训练

(一)设置网络实践项目

网络实践项目能够让大学生在真实的互联网环境中了解就业创业的流程与技巧,为其未来职业发展奠定基础。通过参与实际的网络项目,大学生可以深入体验互联网企业的运作模式,掌握互联网产品开发、运营推广等关键环节,从而提升就业创业能力。

网络实践项目的设置需要遵循项目驱动、实战导向原则。项目选题应紧密结合互联网产业发展趋势和市场需求,具有较强的应用价值和可行性。同时,项目内容要覆盖互联网创业全流程,包括市场调研、需求分析、产品设计、开发实现、测试优化、运营推广等关键环节。通过对完整项目的实践,大学生能够全面掌握互联网创业的基本方法和技能。

在项目实施过程中,高校要为大学生提供必要的指导和支持。一方面,要安排经验丰富的教师担任项目指导者,为大学生提供专业指导和技术支持;另一方面,要引入行业专家和创业导师,传授实战经验,点拨创业思路。同时,高校还应建立校企合作机制,与互联网企业共同开发实践项目,让大学生直接参与真实项目的开发与运营,在实践中锻炼能力。

网络实践项目的考核评价应突出过程性和综合性。不仅要考查大学生的项目成果,还要重视其在项目实施过程中的表现,包括需求理解、技术应用、团队协作、解决问题等关键能力。同时,要综合运用项目答辩、成果展示、同伴互评等多元化考核方式,全面评估大学生的创新创业能力。考核结果应与学分挂钩,调动大学生参与实践的积极性。

(二)举办线上创业比赛

线上创业比赛是高校利用互联网平台为大学生提供展示创新创业项目、提升实战能力的重要载体。在“互联网＋”时代背景下，线上创业比赛凭借其便捷性、开放性和互动性等优势，为大学生创业实践搭建了广阔的舞台。通过策划和组织系列线上创业比赛活动，高校可以有效地激发大学生的创业热情，培养其创新意识和创业能力。

线上创业比赛的核心在于为大学生提供一个从创意到实践的完整训练过程。在比赛中，参赛团队需要根据赛题要求，提出切实可行的创业方案，并通过线上路演、答辩等环节向评委和观众展示自己的项目。这一过程不仅考验了大学生的创意和思辨能力，而且锻炼了他们在市场调研、产品设计、商业规划等方面的实践技能。通过参与线上创业比赛，大学生能够全面了解创业过程中可能遇到的机遇与挑战，积累宝贵的创业经验。

线上创业比赛的形式设计应突出互联网的特点和优势。比赛组织者可以借助各类网络平台，开展项目征集、作品展示、人气投票等活动，吸引更多大学生参与其中。利用互联网的传播力，优秀的创业项目可以得到广泛曝光和关注，为创业团队争取更多的资源支持和发展机会。同时，线上比赛还能打破时空限制，让来自不同高校、不同专业的大学生齐聚“云端”，交流创业心得，碰撞创新火花。

为了确保线上创业比赛的成效，高校应完善配套的指导和激励机制。一方面，高校可以聘请创业导师，为参赛团队提供全程辅导，帮助他们优化创业方案，提升项目质量；另一方面，高校应设置合理的奖励措施，对比赛中表现优异的团队给予资金、场地、政策等方面的扶持，以鼓励更多大学生投身创新创业实践。此外，高校还可以将线上创业比赛与线下孵化平台相结合，为优秀项目的落地提供必要的条件和资源，推动大学生创业梦想成真。

(三)搭建虚拟仿真平台

在“互联网＋”背景下，高校在培养大学生就业创业能力方面，可以充分利用虚拟仿真技术搭建实践教学平台。虚拟仿真平台能够为大学生提供逼真的互联网就业创业环境，让他们在虚拟空间中体验真实的工作场景和创业过程，从而提升实践技能和创新意识。

高校可以利用虚拟仿真技术构建各类互联网企业的运作模型，包括电商平台、社交媒体、在线教育等领域。大学生通过角色扮演，在虚拟情境中担任不同岗位角色，如产品经理、运营专员、数据分析师等，开展业务流程模拟和决策分析。这种沉浸式体验能够加深大学生对互联网行业规则和业务模式的理解，锻炼其分析问题、解决问题的能力。

在创业教育方面，虚拟仿真平台能够降低大学生创业的风险和成本。大学生可以在平台上选择创业项目，组建团队，模拟产品设计、市场营销、财务管理等环节。通过反复实验和优化，大学生能够及时发现并解决创业过程中存在的问题，积累实战经验。这种探索式学习有助于培养大学生的创新思维和企业家精神。

基于虚拟仿真平台的实践教学，能够突破时空限制，实现优质教育资源共享。高校可以邀请行业专家和成功创业者参与平台建设，录制教学视频，设计实训项目。大学生不仅能够随时随地访问学习资源，还能与专家进行在线交流，获得专家指导。这种产学研协同育人模式，有利于提升人才培养的针对性和有效性。

二、建立“互联网＋”就业创业师资队伍培养机制

（一）加强互联网技能培训

在“互联网＋”时代，教师必须具备较强的网络科技应用能力，这样才能更好地指导大学生开展就业创业实践。面对日新月异的互联网技术，教师需要不断加强学习，提升自身的数字化素养和教学技能。只有这样，才能紧跟时代步伐，满足大学生多样化的学习需求，助力其在“互联网＋”环境下实现个人发展。

为了系统提升教师的互联网技能，高校应制订全面的培训计划，采用线上线下相结合的方式，为教师搭建持续学习的平台。线上培训可以利用慕课、直播、在线研讨等形式，让教师随时随地参与学习，掌握最新的网络技术和教学工具。而线下培训则可以通过开展专题讲座、经验交流、实操演练等活动，加深教师对互联网知识的理解和运用。无论是线上培训还是线下培训，都应该突出实用性和针对性，紧密结合教师的实际需求，让其学以致用，提高教学效果。

培训内容方面，应涵盖互联网技术基础知识、网络教学平台应用、在线课程设计与开发、信息化教学方法等多个维度。教师要掌握计算机网络、大数据、人工智能等互联网技术的基本原理和应用场景，建立扎实的理论基础。教师要熟练运用各类网络教学平台，灵活开展在线教学活动。教师要学会利用互联网工具设计开发在线课程，包括课程内容的选取、教学资源的制作、学习活动的组织等。教师还

要掌握信息化教学的方法和策略，如翻转课堂、混合式教学、探究式学习等，激发大学生的主动性和创造力。

提高教师互联网技能的过程，是教学理念转变、教学模式重构的过程。教师要树立“互联网＋”思维，主动拥抱新技术，将其与教育教学深度融合。在日常教学中，教师要善于利用互联网平台和工具，推动师生、生生之间的交流互动，营造开放、包容、平等的学习氛围。同时，教师还要引导大学生利用互联网资源进行自主探究、协作学习，培养其获取知识、分析问题、解决问题的关键能力。

（二）引进行业专家合作

在“互联网＋”时代，高校应该积极与互联网企业合作，引进行业专家参与教学，以提升大学生就业创业能力。这些行业专家拥有丰富的实战经验和前沿的行业知识，能够为大学生提供宝贵的指导和启发。

行业专家能够弥补高校教师在实践经验方面的不足。高校教师大多拥有深厚的理论功底，但在互联网行业的实际运作方面可能缺乏经验。而行业专家长期深耕互联网行业，对行业发展趋势、市场需求、用户习惯等有着敏锐的洞察力。他们能够将这些宝贵的经验融入教学，帮助大学生了解行业动态，掌握实用技能，提高就业创业竞争力。

行业专家能够为大学生带来前沿的技术知识和创新思维。互联网行业瞬息万变，新技术、新模式层出不穷。行业专家紧跟技术前沿，对最新的技术发展和应用有着深入的研究和实践。通过讲授前沿技术知识和分享创新案例，行业专家能够开阔大学生视野，激发大学生的创新意识和创业激情，帮助大学生掌握未来发展所需的关键能力。

行业专家能为大学生提供真实的项目实践机会。很多互联网企业有自己的创新项目和实习计划，行业专家可以充当桥梁，帮助大学生对接这些项目和计划。大学生通过参与真实项目，可以将所学知识运用到实践中，提升动手能力和团队协作能力。这种实践经历不仅能够巩固大学生的专业知识，还能够让大学生深入了解行业运作，积累就业创业经验。

行业专家可以为大学生提供职业生涯规划指导。他们对互联网行业的人才需求和发展方向有着全面的了解，能够帮助大学生明确职业发展方向，规划职业发展路线。通过分享自己的职业经历，行业专家能够为大学生树立职业榜样，传递职业价值观和职业精神，引导大学生形成正确的职业观和就业观。

(三)实施教师轮训计划

在“互联网+”时代,为了提升教学质量,高校需要建立健全教师轮训机制,定期组织教师参与行业交流,保持教学内容与互联网发展趋势同步。这既是推动高校教育教学创新的内在要求,也是提高教师专业素养、促进其自身发展的重要途径。

教师是高校人才培养的中坚力量,其知识结构、教学理念和实践能力直接影响着人才培养的质量。在互联网技术日新月异的今天,教师必须紧跟时代步伐,不断更新知识体系,创新教学模式,这样才能适应“互联网+”背景下教育教学的新变化、新需求。而教师轮训正是实现这一目标的有效方式。通过参与行业交流,教师能够及时了解互联网领域的前沿动态,掌握最新的理论知识和实践经验。这不仅有助于充实教学内容,提高课程的时效性和适用性,还能拓宽教师的学术视野,激发其教学灵感和创新意识。

教师轮训的内容应该紧密结合“互联网+”发展趋势和高校人才培养需求,体现应用型、实践性的特点。可以邀请互联网企业的技术专家、项目负责人等兼任轮训讲师,解读行业发展新动向,分享实战经验和前沿案例。同时,还应组织教师走进互联网企业一线,深入考察先进的互联网应用模式,亲身感受互联网技术的魅力与挑战。这种深度的产学交流,不仅能够帮助教师全面把握互联网技术的应用价值,还能锻炼其实践操作能力,提高高校人才培养与产业需求的契合度。

教师轮训应该注重培养教师利用互联网技术创新教学方式、优化教学流程的能力。高校可以举办专题讲座或工作坊,引导教师探索如何将互联网思维融入教学设计,如何运用大数据、云计算等技术手段提高教学效率和质量。同时,鼓励教师积极参与在线课程、虚拟仿真实验等新型教学项目的建设,通过实践锻炼提升其信息化教学水平。对于在教学创新实践中取得优异成果的教师,高校应给予表彰和奖励,发挥其示范引领作用,带动更多教师投身教学创新。

教师轮训应着眼于学科前沿和交叉领域,引导教师拓宽学术研究视野。在“互联网+”时代,学科之间的界限日益模糊,跨界融合已成为学术研究的大趋势。通过参与跨学科、跨领域的学术交流和合作研究,教师能够开阔眼界,吸收不同学科的理论和方法,激发创新灵感。这不仅有利于教师个人的学术发展,也能促进高校学科专业结构的优化调整,增强人才培养的适应性和竞争力。

三、完善“互联网+”就业创业教育质量评估体系

(一)建立大学生能力评估指标

互联网时代对大学生的就业创业能力提出了新的要求,传统的学业成绩评价已不能全面反映大学生的综合素质和创新潜力。因此,高校必须立足互联网时代人才培养的新目标,完善大学生能力评估标准,以激发大学生创新创业的内生动力,提升人才培养质量。

1.突出互联网思维和数字素养的考查

在“互联网+”时代,数字化、网络化已成为就业创业的基本特征。大学生只有具备互联网思维,熟练掌握数字技术,才能适应互联网就业创业的要求。因此,评估指标要重点考查大学生运用互联网工具分析和解决问题的能力,如信息搜索与筛选、数据分析与应用、网络营销与推广等,引导大学生养成基于互联网的思维方式和行为习惯。

2.关注创新意识和创业能力的培养

在互联网时代,创新创业已成为推动经济社会发展的重要引擎。高校要着眼于培养大学生的创新意识和创业能力,将创新意识的考查融入大学生能力评估的全过程。评估指标既要考查大学生发现问题、分析问题的敏锐度,也要考查大学生解决问题、开拓创新的能力,鼓励大学生在互联网平台上尝试创业实践,积累创业经验。

3.融入团队协作与沟通表达能力的要求

互联网就业创业往往需要跨界、跨区域的团队协作,这对大学生的组织协调与沟通表达能力提出了更高要求。评估指标应将团队意识作为重点考查内容,通过小组项目、团队比赛等方式,考查大学生的角色定位、任务分工、团队沟通等能力,引导其形成互联网环境下的协同创新思维。

4.兼顾职业素养和人文情怀的培育

在注重专业技能的同时,互联网就业创业更加强调从业者的职业道德和社会

责任。评估指标要将诚信意识、法治观念、劳动精神等职业素养内化为考查要素，引导大学生树立正确的就业观和创业观。同时，要重视人文精神的考查，培育大学生的家国情怀和使命担当，激励其在创新创业中彰显社会价值。

（二）开展教学效果监控

在信息技术迅猛发展的背景下，传统的教学效果评估方式已难以适应新形势下人才培养的需求。因此，高校应积极运用互联网技术手段，建立起科学、系统的教学效果监控体系，实时跟踪教学活动的实施情况，及时发现和解决教学中存在的问题，不断提升人才培养质量。

数据采集与分析是实施教学效果监控的关键环节。高校应充分利用互联网平台，通过在线测评、问卷调查、数据挖掘等多种方式，及时、准确地收集反映教学效果的各类数据信息。在数据采集过程中，要注重保护师生隐私，遵循自愿原则，避免对教学活动造成不必要的干扰。对收集到的数据应及时进行统计分析，运用大数据技术，挖掘数据背后隐藏的规律和趋势，为优化教学提供精准化的决策依据。

建立教学效果反馈与改进机制是保障教学质量持续提升的有力措施。教学效果监控不应只停留在数据呈现层面，而是需要在此基础上形成常态化的反馈与改进闭环。一方面，高校要将监控结果及时反馈给相关教师，帮助其查找教学中的不足，改进教学策略和方法；另一方面，高校应根据监控情况，持续优化人才培养方案，完善教学管理制度，为教师教学创新提供制度保障和物质支持。

加强教学效果监控成果的应用与推广，能够充分发挥其对教学创新发展的引领和示范作用。高校应积极搭建教学效果监控经验交流平台，组织教学效果优秀案例评选活动，挖掘和推广行之有效的教学模式与方法。通过总结提炼教学创新成果，形成可供借鉴、可资推广的教学范式，引导更多教师投身教学创新的实践，带动教学质量整体提升。

教学效果监控是一项系统工程，需要校、院、系各级通力配合，形成工作合力。学校应制订明确的教学效果监控实施方案，落实监控工作责任制，加大人力、物力、财力等方面的投入，为开展教学效果监控提供坚实保障。院系应成立教学效果监控工作小组，做好监控方案的落实与执行工作，并及时收集教师和大学生的意见反馈，协调解决监控过程中的重点、难点问题。只有全员参与、各司其职，才能真正发挥教学效果监控的治理效能，切实保障和提升人才培养质量。

(三)实行课程质量反馈机制

在信息技术飞速发展的时代背景下，传统的教学评估方式已难以全面、客观地反映课程教学的实际效果。为了突破这一局限，高校应积极探索多元化的质量反馈渠道，将大学生评价、教师自评、专家评估等有机结合起来，构建起科学、完善的课程质量监控体系。

1. 大学生评价

大学生作为教学活动的直接参与者和受益者，对课程质量有着最为直观、真实的感受。高校应重视发挥大学生在教学评估中的主体作用，通过问卷调查、座谈访谈等方式广泛征求大学生的意见，深入了解他们对课程内容、教学方法、实践活动等方面的评价和建议。同时，要引导大学生客观、理性地认识教学过程，提高其参与教学评估的积极性和主动性。只有充分尊重大学生的主体地位，才能真正实现教学相长，不断提升人才培养质量。

2. 教师自评

授课教师处于教学活动的第一线，对课程设计、教学实施、大学生反映等各个方面有着最为全面、深入的认识。开展教师自评，就是要引导教师主动反思教学过程，评估教学效果，查找问题不足，并提出改进措施。这一过程不仅有助于教师总结教学经验，改进教学方法，还能激发其不断进取、勇于创新的内生动力。通过自我评价，教师能够更加清晰地认识自身的优势和不足，有针对性地制订专业发展规划，推动教学水平持续提升。

3. 专家评估

高校应定期邀请行业专家、资深教师等组成评估小组，深入课堂教学一线，全面考察课程设置、教学内容、实践活动等各个环节。专家凭借其丰富的理论知识和实践经验，能够站在更高、更广的视角审视课程教学，准确把脉问题症结，为课程创新发展提供专业性、建设性的意见与建议。同时，专家评估能够帮助教师拓宽学术视野，更新教学理念，探索前沿技术在教学中的应用，引领课程教学创新发展的正确方向。

四、构建"互联网+"就业创业校企合作平台

(一)促进校企信息共享

校企信息共享平台的建立为高校与企业在资源、信息、人才等方面的交流与合作提供了有力支撑。在"互联网+"时代背景下,高校与企业的合作早已突破了传统的校企合作模式,呈现出更加多元化、网络化的发展趋势。而信息共享平台正是顺应这一趋势,利用互联网技术搭建起高校与企业之间信息交互、资源整合的桥梁。

从资源共享的角度来看,校企信息共享平台有利于实现优质教育资源的集聚与流动。高校可以通过平台向企业开放实验室、图书馆等教学科研资源,为企业的技术创新和人才培养提供智力支持;企业也可以通过平台向高校提供实习实践岗位、项目案例等应用型资源,丰富教学内容,提升人才培养质量。这种资源的双向流动不仅提高了资源的利用效率,也为校企双方的发展注入了新的动力。

从信息互通的角度来看,校企信息共享平台为供需双方开通了高效对接的渠道。在人才需求方面,企业可以通过平台发布招聘信息、岗位需求等,高校则可以根据企业的实际需要,调整专业设置和培养方案,为企业量身定制人才培养计划;在技术合作方面,企业可以通过平台发布技术难题、研发项目等,高校科研团队则可以针对企业需求开展攻关研究,助力企业突破技术"瓶颈"。通过信息的精准对接,平台能够最大限度地满足企业的人才和技术需求,提升校企合作的针对性和实效性。

从人才交流的角度来看,校企信息共享平台为高校师生与企业专家的沟通互动提供了便利。通过平台,高校教师可以深入了解行业发展动态和企业实际需求,及时更新教学内容,提高教学的前沿性和实用性;企业专家也可以通过平台为高校师生开设讲座、进行实践指导,传授行业经验和实战技能。这种人才交流不仅有助于提升师生的实践能力和就业竞争力,也为企业输送了优秀的后备人才。

校企信息共享平台能促进产学研用的深度融合。在平台的支持下,高校与企业可以围绕共同的研究课题开展深入合作,集聚各自在人才、技术、资金等方面的优势资源,加快科技成果的转化和应用。这种协同创新不仅能够破解企业发展中存在的难题,也能够丰富高校的科研实践,形成产学研用良性互动的生态圈。

(二)协同开发实习实训项目

在“互联网+”时代,企业已成为推动技术创新和产业升级的主力军。高校要培养适应新时代要求的创新创业人才,必须主动对接行业企业,深化产教融合、校企合作。通过与企业协同开发实习实训项目,高校可以及时了解产业发展动向,把握人才需求变化,使人才培养更加贴近市场需求。

协同开发的实习实训项目具有鲜明的实践性和应用性。在项目实施过程中,大学生需要运用所学知识解决实际问题,将理论与实践相结合。这不仅有助于大学生巩固专业知识,而且能提升大学生分析问题、解决问题的能力,培养其创新意识和创业能力。例如,某高校与一家互联网企业合作,针对大数据处理与分析领域共同设计了一个实训项目。大学生通过参与真实的数据分析任务,掌握了数据挖掘、机器学习等前沿技术,提升了实践技能。更重要的是,他们在项目中培养了产品意识和用户思维,激发了创业灵感,为未来成长为创新创业人才奠定了基础。

协同开发实习实训项目能促进高校教学模式和教学内容的创新。传统的实习实训教学往往脱离企业实际,内容陈旧,方式单一。而校企协同开发的项目源于生产一线,紧跟技术前沿,能够有效地补充和更新教学内容。同时,项目实施过程中采用的项目制教学、案例教学等方式,也为高校教学模式创新提供了有益借鉴。例如,一所高校的电子商务专业与多家电商企业合作,共建了电子商务实训基地。大学生在实训基地参与产品运营、网络推广等实践项目,在真实的业务场景中强化实操能力。项目导师采用“教学做”一体化的教学模式,通过任务引领、案例分析等方式,引导大学生主动思考、动手实践,提高了教学效果。

协同开发实习实训项目有利于构建高校与企业之间稳固的合作关系。通过项目合作,高校可以及时获取企业对人才的需求信息,为人才培养提供有针对性的指导。企业也能够通过项目发现和储备优秀人才,为自身发展注入新鲜血液。高校科研成果在项目实施中得以应用和转化,企业技术难题也得到有效解决,实现了校企互利共赢。例如,某高校的机械专业与一家装备制造企业开展了产学研合作,共同研发新型机床。在项目实施中,高校教师发挥科研优势,为企业攻克了多项关键技术难题。大学生通过参与研发项目,既提升了动手能力,又开阔了专业视野。多名大学生最终被企业录用,毕业后迅速成长为技术骨干。学校与企业在长期合作中建立了紧密的利益联结机制,形成了良性互动的合作关系。

第二节 企业层面的合作策略

一、企业与高校开展产学研合作

(一)促进科技成果转化的桥梁作用

传统的科研模式往往存在“重科研、轻应用”的问题,许多高校的科研成果难以实现产业化,无法有效服务经济社会发展。而企业与高校的深度合作,能够有效地解决这一难题,实现科技创新与产业发展的无缝对接。

企业拥有丰富的市场资源和产业化经验,对科技成果的应用前景有着敏锐的洞察力。通过与企业合作,高校科研人员能够及时了解市场需求和技术趋势,聚焦有市场前景的应用研究,提高科研成果的针对性和实用性。同时,企业可以为科研成果提供中试平台和产业化资金,助力科技成果尽快实现规模化应用。相较于高校自身进行成果转化,与企业合作无疑能够大大缩短科技成果从实验室走向市场的周期。

高校是科技创新的重要源头,拥有雄厚的科研实力和人才优势。通过与高校合作,企业能够接触到前沿的科研成果和创新思想,获得持续创新发展的原动力。高校科研团队不仅能够为企业提供技术支持和咨询服务,还能根据企业需求开展定制化研发,帮助企业突破技术“瓶颈”。这种产学研用紧密结合的创新模式,能够显著提升企业的自主创新能力和核心竞争力。

企业与高校合作还有利于优化科技资源配置,实现优势互补、互利共赢。一方面,高校可以利用企业的资金支持和产业化平台,盘活科技成果,实现科研价值最大化;另一方面,企业可以借助高校的科研优势,加快新产品、新技术的研发进程,抢占市场先机。双方通过共建联合实验室、产业研究院等平台载体,建立长期稳定的合作关系,形成合力攻关,有利于持续产出重大科技成果。

(二)加强人才培养与实战经验的结合

企业与高校合作,依托企业实际需求制订教育培养方案,是加强人才培养与实战经验结合的重要途径。

企业可以深度参与高校人才培养全过程，与高校共同制定培养目标、优化课程体系、开发教学资源、组织实习实训等。企业能够根据自身发展需要，提出人才培养的具体要求和标准，使人才培养更加精准化、个性化。同时，企业可以派遣优秀员工担任兼职教师，与高校教师共同承担教学任务，将前沿技术、管理经验和实战案例引入课堂，提高教学的针对性和实效性。大学生通过参与企业实习实训、项目研发等，能够将所学知识与实践紧密结合，提升实践能力和职业素养。

校企合作定制化人才培养的内在机制在于构建了产学研一体化育人机制。企业、高校、科研机构通力合作，整合各自优势资源，围绕区域经济社会发展需求，协同培养适应产业转型升级的应用型人才。这种合作模式打破了高校人才培养的闭环，实现了教学内容、教学方法与生产实践的紧密衔接，促进了人才培养供给侧与产业需求侧的精准匹配。同时，在这种模式下，大学生在真实的企业情境中接受训练，强化了实践导向，激发了学习兴趣和主动性，实现了学习与实践、知识与能力的高度统一。

二、企业为大学生提供实习实践机会

(一)构建实习实践基地

通过搭建线上线下实习平台，企业能够为大学生提供丰富多元的实践机会，让其在真实的工作环境中磨炼技能、积累经验。

企业可以利用自身的资源优势，建立实体化的实习实训基地，配备完善的硬件设施和专业指导人员，为大学生提供全方位的实践锻炼。在这里，大学生能够亲身参与企业的日常运作，了解行业前沿动态，掌握岗位工作流程，从而提升实践能力和就业竞争力。企业还可以依托互联网技术，打造线上实习平台，拓宽大学生实践渠道。通过虚拟情境、在线协作等方式，大学生足不出户就能参与真实项目，体验职场氛围，与企业导师零距离交流，及时获得反馈和指导。这种灵活便捷的实习模式突破了时空限制，让更多大学生有机会参与其中，也为企业节约了场地、设备等成本投入。

多元化的实践机会是大学生成长发展的催化剂。企业通过线上线下相结合的方式构建实习实践基地，能够满足不同专业、不同层次大学生的实践需求。对于专业基础较好的大学生，企业可以提供更具挑战性的项目任务，锻炼其独立工作和创新解难的能力；对于实践经验较少的大学生，企业可以提供岗位见习、跟岗实习等机会，让其在实践中逐步积累经验、提升能力。企业还可以定期开展专题培训、技能大赛等活动，激发大学生的实践热情，营造良性竞争的氛围。

校企协同共建实习实践基地，是实现企业、高校、大学生三方共赢的有效途径。对于企业而言，为大学生搭建实践平台，能够发掘和储备优秀人才，为企业发展注入新鲜血液；对于高校而言，校外实践基地的建立丰富了人才培养渠道，提升了教育教学质量；对于大学生而言，在真实的职场环境中实习实践，能够增强就业创业能力，实现个人价值与职业理想的对接。

（二）实习过程的指导与评价机制

高质量的实习指导能够帮助大学生将理论知识转化为实践技能，提升职业竞争力；科学的评价体系则有助于及时发现和解决实习中存在的问题，保证实习质量。在“互联网+”时代，企业可以充分利用互联网工具，创新实习指导与评价方式，为大学生提供更加优质、高效的实习体验。

企业应建立完善的实习指导体系，为每位实习生配备专业的指导老师。指导老师不仅要具备丰富的实践经验和扎实的理论功底，还应具有良好的沟通能力和责任心。在实习过程中，指导老师要定期与实习生进行面对面交流，了解其工作情况和心理状态，给予必要的指导和帮助。同时，指导老师应鼓励实习生主动思考，提出自己的见解，培养其独立工作的能力。借助互联网平台，指导老师可以与实习生保持随时随地的在线沟通，及时解答疑问，提供远程指导。

建立科学的实习评价体系是保证实习质量的重要手段。评价体系应包括过程性评价和终结性评价两个方面。过程性评价重点考查实习生的工作态度、学习能力、团队协作等方面的表现，可以采取指导老师评价、同事互评、自我评价等多元主体参与的方式；终结性评价则侧重于考查实习生的工作成果和职业能力，以项目报告、实习总结等形式呈现。企业可以利用互联网工具，搭建实习评价管理平台，实现评价过程的信息化和自动化，提高评价的效率和准确性。评价结果应及时反馈给实习生本人，以帮助其认清自身优势和不足，制订改进计划。

企业应重视实习过程中的数据收集和分析工作。通过对实习生的工作数据、评价数据进行追踪和挖掘，企业可以准确把握实习生的成长轨迹，预测其职业发展潜力。大数据分析还能够帮助企业发现实习管理中的薄弱环节，优化实习流程和内容设计，从而不断地提升实习工作的科学化、精细化水平。

三、企业为大学生提供就业指导与培训

(一)借助互联网平台开展职业规划指导

在信息技术飞速发展的时代,互联网已经深度融入大学生的学习和生活,成为其获取信息、交流互动的重要渠道。利用互联网平台优势,开展线上指导与咨询,能够突破时间和空间的限制,为大学生提供更加便捷、灵活的职业规划服务。

通过互联网平台,大学生可以随时随地访问职业规划资源,了解不同行业和职业的特点,获取最新的就业市场动态。教师可以利用在线问卷、职业性格测试等工具,帮助大学生深入分析自身的兴趣特长、价值取向和职业偏好,形成更加清晰的自我认知。基于大数据技术,互联网平台还能智能推荐与大学生特质相匹配的职业方向,为其提供精准、高效的职业决策参考。

互联网平台为大学生提供了与职业规划专家、行业导师实时互动的机会。通过在线咨询、视频指导等方式,大学生能够与资深导师面对面交流,获得个性化的职业发展建议。导师可以针对大学生的具体情况,分析其优势和不足,提出有针对性的发展规划和行动方案。这种沟通互动不仅能够帮助大学生厘清职业发展方向,也能够传递职场经验,激发大学生的职业热情。

互联网平台能够促进大学生之间的交流分享,营造良好的职业探索氛围。通过在线社区、论坛等,大学生可以与志同道合的伙伴分享职业规划心得,交流求职经验,互相鼓励和支持。这种同伴互助不仅能够缓解大学生职业选择的焦虑和迷茫,也能够激发大学生的斗志和动力,有利于其形成积极向上的职业价值观。

互联网平台虽然为职业规划指导提供了新的可能,但并不能完全取代面对面的指导和服务。线上指导需要与线下活动有机结合,形成完整、系统的职业规划支持体系。教师应积极整合各类资源,创新指导模式,引导大学生在线上线下互动中不断深化职业认知,提升职业能力。

(二)提供与就业岗位相匹配的软技能培训

面试技巧、沟通能力、团队协作能力等软技能对于大学生顺利求职和职业发展至关重要。借助互联网平台开展线上课程和互动训练,为培养这些软技能提供了高效、灵活的新途径。

线上软技能课程具有内容丰富、形式多样的特点。企业可以根据不同岗位的

实际需求,有针对性地设计课程内容,涵盖职业素养、商务礼仪、人际交往、情绪管理等各个方面。同时,线上课程可以充分利用多媒体资源,通过视频、案例、互动问答等生动形式,增强学习的趣味性和吸引力。大学生能够根据自己的时间安排和学习节奏,灵活地安排学习进度,真正实现个性化、自主化的学习。

互动训练环节为大学生提供了将理论知识付诸实践的机会。企业可以通过在线会议系统、虚拟情景模拟等工具,为大学生创设逼真的职场情境,开展角色扮演、小组讨论、案例分析等体验式学习活动。在这一过程中,大学生不仅能深化对软技能的理解,还能通过与他人的交流互动,提升沟通表达、团队协作等关键能力。及时反馈和指导,有助于大学生查漏补缺,不断改进自己的表现。

除了课程学习和情境训练,企业还可以利用互联网平台为大学生提供持续的职业指导服务。比如,企业通过在线咨询、职业发展规划工具、就业信息推送等方式,帮助大学生及时了解行业动态,掌握职场生存技能,为未来的职业发展做好准备。这种长期的、个性化的指导,能够为大学生的职业生涯保驾护航,帮助其在激烈的人才竞争中脱颖而出。

(三)促进大学生了解行业动态和需求

互联网信息资源的迅猛发展,为大学生了解行业动态和需求提供了丰富而便捷的渠道。海量的网络资源使大学生能够及时、全面地了解行业前沿动态,深入认识企业对人才的实际需求。这不仅有利于大学生树立正确的职业观和就业观,做好职业生涯规划,还能够帮助其有针对性地学习专业知识,提升就业竞争力。

企业可以通过互联网平台向大学生传递最新的行业资讯和用人标准。许多企业在官网、微博、微信公众号等渠道发布行业分析报告、技术动向、岗位需求等信息。大学生通过订阅、关注这些渠道,能够持续跟踪行业发展趋势,了解企业对知识结构、专业技能、综合素质等方面的要求。一些企业还会在网上开设专题讲座,邀请业内专家、优秀校友等分享行业经验和职场心得。这些生动、鲜活的案例能够帮助大学生深化对专业和职业的认识,坚定职业信念,树立职业理想。

互联网为大学生提供了与企业直接互动交流的机会。许多企业通过网上宣讲会、在线咨询等形式,与大学生面对面沟通,解答其疑惑,了解其诉求。大学生可以利用这一契机,向企业的员工询问在校期间应该重点学习哪些知识,掌握哪些技能,补齐哪些短板。这种基于现实需求的逆向思考,能够使大学生有的放矢地开展学习和实践,提高专业能力与职业素养,为未来求职就业做好充分准备。

互联网是大学生自主探索、主动学习的重要平台。大学生可以利用搜索引擎，输入关键词，快速检索与行业和企业相关的各类信息。越是在特定领域精耕细作，越能够发现专业的网站、论坛、公众号等高质量资源，从而全面、系统地把握行业脉搏。许多在线教育平台还开设了与行业需求紧密结合的课程，大学生可以根据自身需要，自主选择学习，拓宽知识视野，提升专业素养。这种随时随地、按需学习的方式，能够充分激发大学生的学习自觉性和主动性。

第三节 个人层面的能力提升策略

一、提升互联网思维和数字化素养

（一）理解互联网思维的核心要素

互联网思维作为一种新的思维模式和方法论，其核心要素包括开放性、连接性和共享性。深刻理解这些要素，是大学生适应“互联网＋”时代、提升就业创业能力的关键。

开放性是互联网思维的首要特征。在互联网时代，信息的获取和传播变得更加便捷，知识的更新速度大大加快。这要求个人具备开放的心态，善于接纳新事物、新观点，不断更新自己的知识结构。开放性还意味着跨界融合、协同创新。不同领域的知识和资源能够通过互联网实现无缝对接，催生出新的业态和模式。大学生应培养开放的视野，积极寻求跨界合作机会，创造出更大的价值。

连接性是互联网思维的内在逻辑。互联网通过将人与人、人与信息、信息与信息相连接，构建起一个相互依存、动态演化的复杂网络。在这个网络中，个体不再是孤立的存在，而是与他人紧密相连、互为影响。因此，大学生需要学会站在整体的角度思考问题，善于发掘事物之间的内在联系，构建系统化的认知框架。同时，要重视人际网络建设，积极参与各类社群活动，提升社交能力和资源整合能力。

共享性是互联网思维的价值取向。互联网打破了信息垄断和壁垒，使得知识和资源被更多人所共享。这种去中心化、扁平化的特点，为个人的全面发展提供了广阔的空间。大学生应树立共享意识，积极参与开源社区、众包项目等，学习分享与协作的方法与技能。同时，要注重个人品牌的塑造与传播，善于运用互联网平台展示自我、共享价值,以吸引更多的合作伙伴,得到更多的发展机会。

互联网思维的三大要素并非相互割裂,而是相辅相成、密不可分的。开放性是前提,为人与人、人与信息的连接提供了可能;连接性是基础,使得资源在更大范围内实现共享;共享性是归宿,赋予开放性和连接性以价值意义。大学生只有将这三者有机结合、融会贯通,才能真正将互联网思维内化于心、外化于行,增强职场竞争力和创新创业潜力。

(二)培养数字化素养

数字化素养已成为适应"互联网+"时代发展的关键能力。它不仅包括对数字化工具和平台的熟练运用,还强调对海量数据的敏感性和分析能力。在大数据时代,信息呈爆炸式增长,如何从浩如烟海的数据中提取有价值的信息,进而洞察问题的本质,已经成为数字化素养的核心内涵。

具备敏锐的数据洞察力,是大学生在"互联网+"环境下实现个人发展的重要前提。面对铺天盖地的信息,大学生必须培养数据敏感性,即快速捕捉关键数据的能力。这需要他们对自身所学专业领域有深入的理解,同时对相关领域的前沿动态保持高度关注。当前,许多高校开设了信息素养相关课程,旨在提升大学生获取、评估、利用信息的能力,这对于培养其数据敏感性大有裨益。

数据分析能力是大学生数字化素养的另一重要维度。掌握必要的数据分析方法和工具,能够帮助大学生深入挖掘数据内涵,把握事物发展规律。在"互联网+"时代,不少行业已广泛应用大数据分析技术,通过建立数学模型、可视化等方式,揭示数据背后的价值。作为未来的行业新秀,大学生必须加强数据分析方面的学习和训练。一方面,要学习数据分析的基本原理和流程,如数据预处理、特征工程、模型构建等;另一方面,要熟悉常用的数据分析工具和软件,如 Excel、SPSS、Python 等。大学生通过案例实践和项目训练,可以提升运用数据分析解决实际问题的能力。

培养数据思维和大局观,是提升数字化素养的内在要求。大学生要善于从全局和长远出发,系统思考数据反映的问题。这需要跳出单一数据和孤立事件的局限,将其置于更广阔的背景下考量。例如,当分析一个地区失业率上升的数据时,不能局限于就业市场本身,而应综合考虑经济发展水平、产业结构调整、人口流动等诸多因素,由此把握失业率变化的深层次原因。同时,对数据反映的趋势和规律,要有前瞻性思考,预判其可能带来的影响和应对策略。

二、加强创新创业意识和能力培养

(一)创新意识的重要性

创新意识是引领个人和企业不断进步、持续发展的内在动力。在日新月异的现代社会,创新已经成为一种必备的生存技能和核心竞争力。

对于个人而言,创新意识是驱动自我成长、实现自我价值提升的源泉。拥有创新意识的人,往往具有敏锐的洞察力、开放的思维方式和勇于尝试的胆识。他们善于发现问题,勇于突破常规,以创造性的思路解决问题,推动自身不断进步。在职场中,这些人往往能够抓住机遇,提出独特见解,为企业带来创新的动力,从而赢得更大的发展空间。

对于企业而言,创新意识是引领企业突破发展“瓶颈”、实现跨越式发展的关键。在瞬息万变的市场环境下,拥有创新意识的企业,往往能够准确把握市场动向,洞悉用户需求,不断推出新产品、新服务,引领行业发展潮流。

培养创新意识,需要个人和企业在观念、文化和机制等方面进行系统性改变。要更新观念,树立终身学习意识,主动拥抱变化,将创新视为常态。要营造鼓励创新的文化氛围,宽容失败,鼓励试错,让创新成为一种共同的价值追求。要建立促进创新的体制机制,完善创新人才的选拔、培养和激励机制,为创新行为提供制度保障。要加强与外部的交流和合作,吸收多元文化,拓宽创新视野。

(二)创业能力的构成

创业能力的构成核心在于市场洞察能力和风险管理能力。

市场洞察能力是创业者准确把握市场需求、发现潜在商机的能力。它要求创业者具备敏锐的观察力和分析能力,能够深入了解目标市场,捕捉消费者需求变化,挖掘市场空白。这种能力不仅需要创业者具备扎实的专业知识,还需要其跳出既有思维框架,从多维度、多角度审视市场环境。只有对市场形势有着清晰、全面的认知,创业者才能作出正确的战略决策,推出符合市场需求的产品或服务。

风险管理能力是创业者有效识别、评估和应对创业风险的能力。创业过程中充满了不确定性,各种风险因素无时无刻不在影响着创业项目的进展。这要求创业者具备足够的风险意识,能够敏锐地察觉潜在风险,并积极采取措施加以防范和化解。优秀的创业者还应具备危机处理能力,在面临突发事件或重大挫折时,能够保持冷静,果断决策,将损失降到最低。可以说,风险管理能力是创业者必备的素质,它直接关系到创业项目能否健康、可持续发展。

市场洞察能力和风险管理能力相辅相成,缺一不可。市场洞察能力是风险管理能力的前提。只有准确把握市场动向,创业者才能预判可能出现的风险,未雨绸缪,做好充分准备。风险管理能力是市场洞察能力的保障。创业环境瞬息万变,创业者需要在风险管理的基础上,不断调整市场策略,适应新的市场形势,把握新的发展机遇。可以说,二者是创业能力的核心要素,共同支撑着创业项目的成功运作。

创新能力、资源整合能力、领导决策能力等也是创业能力的重要组成部分。创新是创业的灵魂,能够创新性地解决问题、开发新产品、拓展新市场,是创业成功的关键。而创业过程是资源高度整合的过程,创业者需要协调人、财、物等各类资源,优化配置,最大限度地发挥其使用价值。同时,优秀的领导决策能力可以帮助创业团队凝聚共识、激发活力,推动创业项目高效运转。这些能力与市场洞察能力、风险管理能力一起,构筑起创业能力的"大厦",是创业成功的坚实基础。

三、参与在线职业技能培训

(一)高效学习途径

在"互联网+"时代,大学生面临前所未有的就业创业机遇和挑战。高效学习途径,尤其是合适的在线课程与平台的选择,已成为大学生提升就业创业能力的关键。

大学生应根据自身的学习需求和职业规划,有针对性地选择在线课程。不同专业、不同发展阶段的大学生,必然有着不同的学习需求。例如,计算机专业的大学生可能更需要学习编程语言、数据结构等课程,而经管类专业的大学生可能更关注市场营销、财务管理等方面的课程。大学生还应结合自己的职业规划,提前学习与未来发展相关的知识和技能。

大学生应注重在线课程的质量和口碑。一些课程虽然宣传力度大、包装精美,但实际教学内容却缺乏深度。对此,大学生在选课前应充分了解课程的教学大纲、授课教师资历、往期大学生评价等关键信息,全面评估课程质量。一些知名高校和权威机构推出的覆盖面广的在线课程,通常更值得大学生信赖和选择。

大学生应重视在线学习的方式方法。在线学习看似轻松自由,实则对大学生的自律性和主动性提出了更高要求。远离教室中来自教师和同学的监督,在线学习极易造成懈怠和放任。因此,大学生一方面要加强学习自律,合理安排时间,保证学习质量;另一方面要善于利用平台提供的互动交流机会,与教师、同学积极讨论，以及时获得学习反馈。

大学生应注重利用在线平台的综合资源。事实上，许多优质在线教育平台不仅提供了知识点的讲授，还整合了实战演练、就业辅导、创业指导等综合服务。例如，有的平台会定期发布真实的企业项目，供大学生参与实践；有的平台搭建了企业导师计划，为大学生提供职业发展建议和帮助。对大学生而言，充分利用平台提供的综合资源和服务，是提升综合素质、强化竞争力的有效途径。

（二）技能实践与证书获取

随着互联网技术的飞速发展，在线教育平台大量涌现，为大学生提供了海量的优质课程资源。与传统的线下培训相比，在线学习打破了时间和空间的限制，大学生可以根据自己的节奏安排学习进度，灵活调整学习计划。同时，在线培训费用相对较低，减轻了大学生的经济负担，使职业技能培训更高效。

在线职业技能培训要真正发挥效用，关键在于大学生要主动参与其中，并将所学知识转化为实际技能。这要求大学生具备较强的自主学习能力和执行力，能够合理规划学习任务，严格遵循学习计划，坚持不懈地完成各项学习活动。在学习过程中，大学生还应善于利用在线平台提供的互动交流功能，与教师和其他大学生分享心得体会，解决学习难题。

项目实践是将理论知识内化为职业技能的重要途径。许多优质的在线职业培训项目都设置了实践环节，大学生通过参与真实的工作项目，可以直观地感受职业情境，锻炼实际操作能力。在项目实践中，大学生需要运用所学知识分析问题、制定方案、解决难题，这有助于其加深对知识的理解，提升其知识迁移和应用能力。参与项目实践，还能培养大学生的责任心、沟通协作等职业素养。

获得权威机构认证的技能证书，是大学生掌握职业技能的有力证明。许多知名的在线教育平台都与权威的职业资格认证机构建立了合作，为大学生提供了方便快捷的认证渠道。大学生在完成规定的培训课程并通过相应的考核后，即可获得相应的技能证书。这些证书不仅是个人职业能力的体现，也为求职就业提供了有利筹码。

四、利用互联网资源开展自主学习

（一）快速获取知识的网络工具和技巧

互联网时代为快速获取知识提供了便捷的工具和渠道，个人可以通过搜索引擎、在线教育平台、专业数据库等多种方式,高效地获取和学习海量的知识和技能。

搜索引擎是获取网络知识最常用、最直接的工具。通过在搜索框中输入关键词,个人可以快速检索到相关的网页、文章、图片、视频等丰富的信息资源。为了提高搜索效率,个人应掌握一些高级搜索技巧,如使用双引号精确匹配、使用减号排除特定关键词、限定搜索范围等,以过滤无关信息,获取高质量的搜索结果。

在线教育平台为个人提供了系统化、专业化的学习渠道。慕课网站、公开课平台上汇聚了海量的优质课程资源,涵盖各个学科领域,由权威专家和一流高校提供。大学生可以根据自身需求,选择感兴趣的课程,按照课程设计的学习途径,通过观看视频、完成作业、参与讨论等方式,深入学习专业知识。很多平台还提供社交互动功能,大学生可以与老师、同学交流探讨,共同提升。

专业数据库是获取权威、可靠知识的重要途径。数据库收录了大量学术期刊、学位论文、会议论文等高质量的文献资源。通过检索相关主题,大学生可以快速了解某一领域的前沿动态和研究进展,学习专家学者的研究方法和思路。一些数据库还提供了引文分析、研究热点分析等工具,帮助大学生洞察学科发展脉络。

除了以上主要工具,大学生还可以利用 RSS 订阅、邮件订阅、关注专家博客、加入专业社群等方式,持续获取特定领域的最新知识。RSS 聚合阅读器可以帮助个人集中阅读多个网站的更新内容,提高信息获取效率。很多网站和机构提供邮件推送服务,大学生可以订阅感兴趣的专业领域内容,定期接收最新文章和资讯。关注领域内专家的博客、社交媒体账号,也能近距离学习专业经验和智慧。加入行业论坛、知识社群,参与讨论交流,则有助于开阔视野,碰撞思想。

在获取网络知识的过程中,大学生应注意甄别信息质量,提高信息素养。要学会辨别信息来源的权威性、可靠性,交叉印证不同渠道的信息,避免盲从、偏信。要尊重知识产权,遵循引用规范,避免抄袭、侵权。要主动将获取的碎片化知识融会贯通,形成自己的知识体系。

(二)构建个人知识体系

面对纷繁复杂的网络信息,大学生如果没有清晰的知识框架,很容易陷入信息过载和碎片化学习的困境。学会整合网络资源,构建个人知识体系,对于提高自主学习效率和质量具有重要意义。

构建个人知识体系的首要任务是明确学习目标和知识领域。大学生应根据自身的兴趣爱好、专业方向,确定学习的主题和范围。这个过程需要大学生对相关领域有一个宏观的认识,了解其基本概念、理论框架和发展脉络。只有对知识全景有所把握，大学生才能在浩瀚的网络信息中准确定位，选择高质量、高相关度的学习资源。

在明确学习主题后，大学生应进一步梳理知识点之间的逻辑关系，搭建起层次分明、结构合理的知识框架。这种框架犹如一张精神地图，为后续的资源整合提供了方向和依据。在实际操作中，大学生可以运用思维导图、概念图等工具，将零散的知识点按照因果联系、层级关系等进行梳理和排列，使其形成一个有机联系的整体。建构知识框架的过程，实际上也是大学生主动思考、加工信息的过程，有助于加深其对知识的理解和记忆。

在知识框架的基础上，大学生可以有针对性地在网络上收集和筛选学习资源。通过对比多个信息源，鉴别其权威性和可靠性，大学生能够获取高质量的学习材料。在这个过程中，大学生还应主动将网络资源与自身已有的知识经验相联系，进行分析、评判和创新性的再加工。这种将外部信息转化为内在认知结构的过程，是真正将知识“内化于心”的关键。

整合网络资源构建个人知识体系，还需要大学生养成良好的学习习惯和掌握高效的方法。定期梳理和更新知识框架，及时将新学到的内容纳入现有的认知结构；做好学习笔记和资料分类，使知识系统不断完善和精进；积极参与网上学习共同体，与他人交流和分享，碰撞出思维的火花。这些良好的学习实践都有助于大学生构建起系统完备、结构合理的个人知识体系。

第五章　高校促进“互联网＋”大学生就业创业的保障机制

第一节　健全组织保障机制

一、成立“互联网＋”大学生就业创业工作领导小组

（一）组建原则与结构设计

“互联网＋”大学生就业创业工作领导小组的组建应立足“互联网＋”的特性，突破传统的部门分工和利益格局，整合校内外资源，形成协同育人、协同创新的工作机制。

从组织原则来看，工作领导小组的构建应坚持以大学生发展为中心，以创新创业教育为主线，以跨部门协作为基础。一方面，要将大学生的就业创业需求作为工作的出发点和落脚点，围绕提升大学生的创新精神、创业意识和就业能力来设置工作目标和任务；另一方面，要发挥“互联网＋”的优势，利用信息技术打通各部门间的壁垒，实现资源共享、优势互补、联动协作。

从组织结构来看，工作领导小组应由分管就业创业工作的校领导担任组长，成员则来自教务处、大学生处、团委、科技处、人事处、资产处、图书馆、校友会等部门。同时，要吸纳行业企业代表、创业导师、校友创业者等校外力量参与其中。这种跨部门、跨领域的组织结构有利于汇聚各方智慧，提供多元化的就业创业服务。

工作领导小组的运作应建立健全相应的协调机制和管理制度。在协调机制上，要明确小组内各成员单位的职责分工，搭建高效的沟通平台，定期召开工作例会，及时研究解决工作中存在的重点难点问题；在管理制度上，要制定科学合理的工作计划、绩效考核、激励保障等配套措施，调动各部门参与的积极性和主动性。

工作小组应注重发挥“互联网＋”的技术优势，充分利用大数据、云计算、人工智能等手段，提升就业创业工作的精准化、个性化水平。例如，可以建立大学生就业创业数据库，动态掌握大学生的就业意向、创业项目等信息；开发智能化的就业指导和创业辅导系统，为大学生提供个性化的职业规划和创业指导；搭建校企合

作平台，实现人才需求和就业供给的精准对接。

（二）工作领导小组的职责范围

“互联网＋”大学生就业创业工作领导小组作为高校推进相关工作的核心力量，在组织协调、监管指导等方面发挥着不可替代的主导作用。工作领导小组的职责范围涵盖了全校“互联网＋”就业创业工作的方方面面，是确保各项举措有效落实的关键。

工作领导小组要全面统筹“互联网＋”就业创业工作的顶层设计和战略规划，制定切实可行的目标任务和实施方案。在此基础上，工作领导小组需要加强对相关部门的组织协调，明确分工、理顺关系，形成工作合力。同时，工作领导小组要加大对“互联网＋”就业创业工作的监管力度，建立健全督查、考核等机制，确保政策措施落地见效。

在推进“互联网＋”就业创业工作的过程中，工作领导小组要充分发挥指导作用。一方面，要加强政策解读和理论指导，帮助师生深入理解“互联网＋”发展趋势和就业创业形势，提高工作的前瞻性、系统性；另一方面，要强化实践指导，组织开展“互联网＋”创新创业大赛、创业训练营等活动，搭建实践平台，提升师生的创新创业能力。

工作领导小组要注重发挥示范引领作用，积极倡导“互联网＋”创新创业文化。通过选树一批优秀的“互联网＋”创新创业项目和个人，集中宣传报道，发挥榜样力量，营造浓厚的创新创业氛围。同时，要推动建立健全“互联网＋”创新创业的激励机制，完善配套政策，调动师生的积极性和创造性。

工作领导小组要立足学校实际，因地制宜地部署“互联网＋”就业创业工作。要充分考虑学校的办学定位、学科特色、师资力量等因素，找准切入点和突破口，避免照搬照抄、生搬硬套。同时，要加强与地方政府、行业企业、社会组织等的沟通合作，争取各方支持，拓展就业创业渠道和资源。

工作领导小组的工作成效如何，直接关系到高校“互联网＋”就业创业工作的整体推进和落实情况。因此，工作领导小组要强化责任担当，转变工作作风，积极主动作为。要建立“互联网＋”就业创业工作的沟通协调机制，及时发现和解决工作中存在的重点难点问题。同时，要创新工作方法，运用大数据分析、智能化管理等手段，提高工作效率和管理水平。

(三)工作领导小组的运作方式

"互联网＋"大学生就业创业工作领导小组需要科学设置运作方式,明确决策、协调、执行等环节的流程,这样才能真正发挥统筹规划、组织实施的作用,推动大学生就业创业工作取得实效。

工作领导小组的决策是一切工作的前提和基础。在决策过程中,工作领导小组要立足学校实际,准确把握"互联网＋"发展趋势,对大学生就业创业面临的机遇和挑战进行深入分析,在此基础上制订切实可行的工作方案。决策要坚持问题导向,针对大学生就业创业的"瓶颈",提出务实有效的破解之策。同时,决策要体现前瞻性和创新性,紧跟"互联网＋"时代步伐,探索运用新技术、新模式助推大学生就业创业。

协调是确保工作领导小组决策落地见效的重要环节。大学生就业创业是一项系统工程,涉及教学、科研、大学生工作等多个部门,需要各方通力合作、形成合力。领导小组要充分发挥统筹协调作用,建立健全沟通机制,加强与相关部门的对接联动,及时协调解决工作中遇到的困难和问题。特别是要加强与企业、行业的合作,搭建产学研用平台,为大学生就业创业拓展更广阔的空间。

执行是工作领导小组工作的落脚点和着力点。领导小组要建立健全督导考核机制,加强对大学生就业创业工作的过程管理和绩效评估,及时发现和解决执行中的偏差,推动各项任务落到实处。同时,要注重宣传引导,营造有利于大学生就业创业的舆论氛围,激发广大师生的参与热情。

二、明确"互联网＋"大学生就业创业工作职责分工

(一)职责分工的原则与目的

在推进"互联网＋"大学生就业创业工作的过程中,明确合理的职责分工至关重要。这是确保相关工作高效有序进行的重要组织原则和基础保障。只有在科学设置组织架构的基础上,根据"互联网＋"大学生就业创业工作的特点和规律,厘清各部门、各岗位的职责边界,才能形成分工明确、各司其职、协同高效的工作格局。

职责分工的首要原则是全局性和系统性。"互联网＋"大学生就业创业是一项复杂的系统工程,涉及教学、科研、管理、服务等诸多环节。各相关部门要立足

工作全局，从促进大学生全面发展和提升人才培养质量的战略高度，系统谋划、统筹兼顾，明确工作职责和任务分工。要充分认识到各部门工作的内在联系和互为条件，加强沟通协调，形成合力。

职责分工要坚持以大学生为中心的理念。“互联网+”就业创业工作的根本目的是服务大学生成长成才，提升大学生的综合素质和就业创业能力。各部门要围绕这一核心目标，合理划分工作职责。教务部门要注重将创新创业教育融入专业课程和教学环节，优化人才培养方案；大学生工作部门要加强职业生涯规划指导和就业创业服务，为大学生提供精准帮扶；团委要充分发挥组织优势，搭建创新创业实践平台，引导大学生积极参与各类赛事和项目。同时，还要加强对大学生的人文关怀和心理疏导，促进其身心健康发展。

要结合“互联网+”时代的特点，动态调整优化职责分工。互联网技术的迅猛发展，深刻改变了就业创业的模式。职责分工应顺应这一趋势，朝信息化、平台化、柔性化方向优化重构。要充分运用大数据分析、人工智能等新技术，构建智慧就业创业服务体系，为大学生提供更加精准、便捷、高效的指导服务。要建立健全线上线下相结合的工作机制，促进资源共享、优势互补。要根据大学生发展和市场需求的变化，及时调整工作重心和任务分工，提升服务的针对性和实效性。

职责分工要强化考核评估，完善奖惩机制。要建立科学合理的绩效考核指标体系，将工作实绩与干部评价、薪酬分配等相挂钩，调动各部门的工作积极性。要加强工作督查和考核，定期总结经验做法，发现问题和不足，及时修正完善。对于工作成效突出的部门和个人，要大力表彰、奖励；对于履职不力、敷衍塞责的，要严肃问责，形成有力的激励约束机制。

（二）各部门职责的明确划分

在“互联网+”时代背景下，高校大学生就业创业工作涉及面广、链条长，需要校内多个部门通力合作、协同推进。只有厘清责任边界，避免职能交叉和职能真空，才能形成工作合力，确保就业创业各项任务得到高效落实。

在划分部门职责时，应充分考虑“互联网+”大学生就业创业工作的特殊性。互联网信息技术的广泛应用，对就业创业工作提出了新的要求。教务处、信息中心等部门不仅要负责日常教学管理和信息化建设，还要积极拓展在线就业指导、创业培训等服务内容。“互联网+”催生了众多新业态、新模式，为大学生就业创业提供了广阔空间。招生就业处、创新创业学院等部门应紧跟产业发展趋势，加强与互联网企业的合作，为大学生搭建实习实践、项目孵化平台。

在厘清部门分工的基础上，还应明确各部门在就业创业工作中的主次地位和协作机制。招生就业处作为牵头部门，要统筹制订工作方案，协调其他部门落实任务分工。教务处、大学生处、团委等部门要在各自职责范围内，积极配合招生就业处开展工作。同时，要建立部门间的信息共享和联动响应机制，及时沟通工作进展，协同解决重点难点问题。

（三）跨部门合作的工作机制

在“互联网+”时代背景下，高校促进大学生就业创业工作面临全新的挑战和机遇。传统的就业创业工作模式已难以适应新形势下的需求，亟须建立跨部门合作的工作机制，充分发挥各部门的优势资源和专业特长，形成工作合力。

构建跨部门合作机制的关键在于明确职责分工，完善沟通协调机制。就业指导中心、创新创业学院、团委、大学生处等部门要在“互联网+”就业创业工作中找准定位，发挥各自在信息服务、能力培养、实践孵化等方面的优势。同时，要建立由分管校领导牵头、相关职能部门参与的工作协调机构，定期召开会议，研究解决重大问题，统筹推进工作进度。

信息共享是跨部门合作的重要基础。各部门要积极利用“互联网+”技术手段，搭建就业创业信息共享平台，及时发布政策动态、岗位需求、创业计划等信息，实现数据互通共享。同时，鼓励大学生通过平台反馈就业创业诉求，为精准帮扶提供依据。各部门还要加强与校外企业、科研机构、行业协会的对接，拓宽信息获取渠道，丰富信息资源。

资源整合是提升“互联网+”就业创业工作成效的关键举措。高校要统筹校内外各类资源，为大学生就业创业提供全方位支持。一方面，整合校内导师、校友、创业成功者等资源，开展就业指导、创业辅导、项目路演等活动，传授经验心得；另一方面，积极争取地方政府、行业企业、社会组织等校外力量支持，引入真实项目和实践平台，为大学生提供实战历练机会。各部门要加强资源共享，满足大学生多样化的需求。

项目化运作是推动跨部门合作的有效方式。高校可依托重大活动、赛事、计划等，设立“互联网+”就业创业项目，明确目标任务，细化时间进度，落实人员分工，形成部门协同、全员参与的工作格局。例如，围绕“互联网+”大学生创新创业大赛，成立由就业、创新创业、团委等部门人员组成的领导小组，从赛前动员、赛中指导到赛后孵化提供全程化服务，凝聚各方力量助推项目落地。

跨部门合作要坚持以大学生为中心，着眼于大学生全面发展。在促进就业创业工作中，要关注大学生的职业生涯规划、职业素养提升、创新创业能力培养。就业指导部门要与教学、学工部门密切配合，将就业创业教育融入人才培养全过程。大学生组织要发挥朋辈互助优势，营造勇于实践、敢于创新的校园文化氛围。

三、建立“互联网+”大学生就业创业工作协调机制

（一）构建协调机制的重要性

在组织保障体系中，协调机制发挥着枢纽的作用，将各相关部门有效地联结在一起，形成合力，共同推进就业创业工作。

协调机制之所以如此重要，根本原因在于“互联网+”大学生就业创业是一项复杂的系统工程，涉及教务、学工、团委、就业指导中心等多个部门。这些部门虽然分工不同，但在促进就业创业方面却有着共同的目标和责任。如果缺乏协调，各自为政，就难免出现职责交叉、资源浪费、工作效率低下等问题。反之，如果建立起科学完善的协调机制，明确分工、有效沟通、密切配合，就能形成工作合力，事半功倍。协调机制对促进大学生就业创业工作的重要作用体现在以下几个方面。

第一，协调机制有利于整合资源，提高工作效率。通过建立部门间的定期沟通和信息共享机制，各部门可以及时了解彼此的工作进展和需求，避免重复劳动，实现资源的优化配置。同时，协调机制能够促进部门间的经验交流和优势互补，互相学习借鉴，取长补短，从而不断提升工作水平和效率。

第二，协调机制有利于形成工作合力，增强育人实效。“互联网+”背景下的大学生就业创业教育是一个多维度、全方位的育人过程，既包括就业能力的培养，也包括创业素质的塑造；既涉及专业知识的学习，也涉及实践能力的锻炼。这就需要各部门通力合作、齐抓共管。例如，教务部门可以开设创新创业类课程，学工部门可以搭建创业实践平台，就业指导中心可以提供政策咨询和指导服务。只有通过协调机制将这些举措有机结合起来，才能形成完整的育人链条，实现协同育人的效果。

第三，协调机制有利于应对复杂问题，化解矛盾冲突。大学生就业创业工作涉及面广、政策性强、矛盾多发，经常会遇到一些复杂棘手的问题。解决这些问题既需要各部门各司其职，又需要其通力合作、密切配合。而协调机制恰恰提供了一个统筹兼顾、沟通协商的平台。各部门可以在这个平台上及时反映情况、研判形势、商讨对策，共同探讨解决问题的方法，最大限度地化解矛盾，维护

大学生权益。

协调机制的构建是一个长期的过程，需要在实践中不断完善。因此，高校应该从体制机制层面入手，建立健全协调工作的组织领导和制度保障。一方面，要成立由分管领导牵头、相关部门参与的协调工作小组，明确职责分工，定期召开会议，研究解决重大问题；另一方面，要制定详细的协调工作制度和流程，对各部门的沟通、会商、决策等行为进行规范和指引，确保协调工作的制度化、规范化、科学化。

协调机制作为一种工作方式和手段，其价值和意义不仅仅局限于促进就业创业工作，更在于优化内部治理，提升管理水平。协调机制的构建和运行，可以打破部门壁垒，提高组织效能，激发工作活力，营造良性互动、协同发展的育人生态。这对于推进高等教育创新发展、构建现代大学治理体系具有重要的借鉴和启示意义。

(二)协调机制的构建与实施

协调机制的构建需要立足高校实际，遵循"互联网+"背景下大学生就业创业工作的特点，统筹兼顾各方利益，协调各部门职责，形成工作合力。

协调机制的构建需要明确协调对象和范围。在"互联网+"大学生就业创业工作中，协调对象涵盖校内外多个主体，包括学校相关职能部门、院系、大学生组织、校外企业、创业园区等。只有厘清各方的职责边界，才能在此基础上开展有的放矢的协调工作。要建立健全协调工作的组织架构和运行机制。可成立专门的协调工作小组，由分管就业创业工作的校领导担任组长，成员包括就业指导中心、教务处、团委、大学生处等部门负责人。协调小组要定期召开会议，研判工作推进情况，协调解决重大问题，形成常态化的沟通协调机制。

协调机制的有效实施离不开科学的工作方法和手段。要充分利用"互联网+"技术优势，搭建协同工作平台，实现信息共享、资源整合、工作联动。例如，建立"互联网+"大学生就业创业工作群，及时发布政策信息、推送优质资源；运用大数据技术，动态分析就业创业形势，为科学决策提供支撑；开发在线协同办公系统，提高工作效率和管理水平。同时，要创新协调方式，灵活采取会议协调、约谈协调、项目协调等多种方法，针对不同问题采取有效措施，确保协调工作落到实处。

(三)协调机制的持续优化

协调机制的持续优化需要立足实际需求，遵循教育规律和就业创业工作特点。高校应该根据不同阶段大学生的成长特点和职业发展需求，有针对性地调整协调机制，为其提供更加精准、高效的指导和服务。比如，低年级大学生可能更需要通过职业生涯规划和能力培养来奠定就业创业基础，而高年级大学生则更关注求职技巧提升和创业项目孵化等实践环节。针对这些差异化需求，高校应该灵活设置协调机制，整合各方资源，营造良性互动的育人生态。

协调机制的优化要着眼于就业创业工作的内在规律和发展趋势。在“互联网＋”时代，大学生的就业创业呈现出信息化、网络化、多元化的新特点，这就要求高校及时更新工作理念，创新工作方法，加强与企业、社会组织等外部力量的协同配合。通过构建“政产学研用”协同育人机制，实现优势互补、资源共享，高校能够为大学生提供更加丰富多样的就业创业资源，拓展更为广阔的发展空间。

协调机制优化的关键在于建立科学的评估反馈机制，形成持续改进的良性循环。高校应该定期评估协调机制运行的成效和问题，广泛吸纳师生、用人单位等各方意见建议，并据此动态调整优化工作方案。同时，要注重挖掘和推广优秀经验做法，以点带面，辐射带动整体工作水平的提升。

协调机制的持续优化需要健全制度保障，强化人才支撑。高校应该将促进大学生就业创业纳入学校人才培养质量提升工程，以制度规范推动协调机制的科学化、规范化建设。同时，加大专业化队伍建设力度，通过选拔培养“双师型”教师、引进行业企业导师等，为协调机制高效运转提供坚实的人才保障。

四、完善“互联网＋”大学生就业创业工作考核机制

(一)考核机制设立的必要性

考核是保障工作有序开展、不断改进的重要手段，它通过客观评价工作绩效，发现问题和不足，推动持续优化，形成良性循环。对于高校促进“互联网＋”大学生就业创业工作而言，建立科学合理的考核机制尤为必要。

考核机制有助于明确工作目标和方向。“互联网＋”大学生就业创业涉及面广、链条长，需要各部门协同配合、形成合力。通过构建考核指标体系，可以将总体目标细分为具体、可评价的工作任务，使各部门职责更加清晰明确。同时，考核指标的设定本身就是对工作重点的判断和把握，它引导着资源配置和工作安排，确保工作沿着正确方向推进。

考核机制可以激发各部门的工作动力和热情。将工作绩效与奖惩措施相挂

钩,能够调动各部门的积极性和创造性。当努力付出与所获回报相匹配时,工作的内驱力就会不断增强。考核结果的反馈,既是对先进的鼓励和肯定,也是对后进的警示和鞭策,激励着各方争先创优、奋发进取。

考核机制为优化工作提供决策依据。通过科学设计的考核,可以客观评价各项工作的成效,准确诊断存在的问题和不足。考核数据和信息能够真实反映工作现状,揭示短板弱项,为查漏补缺、改进提升提供可靠依据。领导部门可以根据考核结果,及时调整策略,优化资源配置。

考核机制有利于推广先进经验做法。考核不仅要发现问题,而且要总结提炼亮点。对于涌现出的好经验、好做法,要通过考核予以发掘和推广,使之成为各部门学习借鉴的标杆和榜样。通过考核传播优秀案例,可以带动整体工作水平的提升。

(二)考核指标体系的建立

一套科学合理的考核指标体系,能够客观评价高校在促进“互联网+”大学生就业创业方面的工作成效,发现存在的问题与不足,为后续工作的优化完善提供决策依据。构建考核指标体系需要把握以下要素和流程。

考核指标体系应当全面覆盖“互联网+”大学生就业创业工作的各个方面。既要设置反映工作投入的指标,如资金投入、师资力量、平台建设等;也要设置反映工作绩效的指标,如大学生参与度、创业项目数量、就业质量等。同时,应关注工作过程管理,设置诸如制度建设、过程监督等方面的指标。只有从投入、过程、产出等多维度设计指标,才能全景式地评估“互联网+”大学生就业创业工作的实施情况。

考核指标的设置应当符合 SMART 原则。所谓 SMART,即 Specific(具体的)、Measurable(可衡量的)、Attainable(可达到的)、Relevant(相关的)、Time-bound(有时限的)。每项指标都应明确界定其内涵外延,避免模糊不清;要设定可量化、可考核的目标值,便于评价达成度;要根据学校实际情况合理设定指标值,确保其可达成性;要紧密围绕“互联网+”大学生就业创业工作的核心目标,避免偏离主题;要明确每个指标的达成时限,促进工作落实。

考核指标体系的建立应当采取科学合理的程序。通常需要经过指标初选、征求意见、指标筛选、权重设计、预测试、正式实施等环节。在初选阶段,可参考其他高校的先进做法,广泛听取就业创业部门、院系、教师和大学生代表的意见建议;在征求意见环节,要注重收集各利益相关方的反馈,平衡不同诉求;在指标筛选环节，要对初选指标进行系统梳理，剔除重复、矛盾或不可测的指标；在权重设计环节，可运用层次分析法、德尔菲法等方法，科学合理地确定各项指标的权重；在预测试阶段，要选取典型样本进行测试，及时发现和修正问题，不断优化指标体系。

建立考核指标体系应遵循持续改进的理念。随着"互联网＋"技术的更新换代和就业创业形势的改变，原有指标体系可能逐渐失去针对性和时效性。因此，要建立指标体系的动态调整机制，定期开展评估和修订，不断提升指标设置的科学性、先进性。同时，要加强考核结果的反馈和运用，将其作为优化资源配置、完善工作机制、提升"互联网＋"就业创业质量的重要抓手。

（三）考核结果的反馈与应用

要对"互联网＋"背景下大学生创业就业工作的考核结果进行有效反馈和应用，需要建立一套科学合理的反馈机制。这套机制应包括对考核结果的及时通报、问题分析、整改方案制订等环节。将考核结果及时反馈给相关部门和个人，可以帮助他们全面了解工作中存在的优势和不足，为后续工作的调整和优化提供重要依据。同时，对于考核中发现的共性问题和个性问题，应进行深入剖析，找出问题产生的根源，提出切实可行的整改措施。只有做到考核、反馈、整改的闭环管理，才能真正发挥考核的导向作用，推动创业就业工作持续改进。

考核结果反馈强调加强与大学生的沟通互动。"互联网＋"时代的大学生思维活跃，个性鲜明，对于学校的创业就业服务有着更高的期望和要求。因此，在考核反馈过程中，相关部门应注重倾听大学生的声音，及时了解他们对创业就业服务的满意度和改进建议。可以通过问卷调查、座谈会等形式广泛征求大学生的意见，并将大学生反馈作为考核结果应用的重要参考。同时，学校应积极搭建起与用人单位的沟通平台，了解企业对人才的需求变化和对学校人才培养的评价。只有在考核反馈中有效汇聚各方智慧，才能推动学校创业就业工作更好地适应"互联网＋"新形势的要求。

考核结果的应用关键在于用好、用活。考核结果应与资源配置、绩效评价等紧密结合，充分发挥考核的激励约束作用。对于在创业就业工作中表现突出的部门和个人，学校应在经费投入、人员配备等方面给予倾斜，调动其工作积极性；对于存在明显问题和不足的，则应加大问责力度，督促其限期整改。考核结果还应用于指导创业就业工作的优化和创新。学校应在认真总结考核中发现的经验做法的基础上，及时修订完善相关制度规定，创新工作理念和方法，切实提升"互联网＋"环境下创业就业服务的信息化、精准化水平。

第二节　建立资金保障机制

一、设立"互联网+"大学生就业创业专项资金

(一)确定专项资金的目标与用途

设立"互联网+"大学生就业创业专项资金是高校促进大学生创新创业的重要举措,对于支持和引导大学生积极投身创业实践具有重要意义。专项资金的设立需要明确资金支持的创业项目类型和发展阶段,以提高资金使用的针对性和实效性。

从创业项目的类型来看,专项资金应重点支持与"互联网+"密切相关的创新型创业项目,如电子商务、移动互联网应用开发、云计算服务等领域。这些领域代表了"互联网+"时代的发展方向,大学生创业者如果能抓住机遇,就有可能实现创业梦想。同时,专项资金应兼顾传统行业与互联网技术融合而产生的创新创业项目,如智慧农业、智能制造等,鼓励大学生将互联网思维和技术优势引入传统产业,推动产业转型升级。

从创业项目的发展阶段来看,专项资金应根据创业项目不同阶段的特点有侧重地给予支持。在创业项目的初创期,大学生创业者最需要的是启动资金支持,专项资金可以为优秀创业项目提供种子基金,帮助其度过资金困境,推动项目快速发展;在项目的成长期,专项资金应更多地用于支持创业团队的人才引进、技术研发、市场拓展等,以提升创业项目的核心竞争力。专项资金还可以为处于成熟期的优秀创业项目提供资金奖励,激励更多大学生投身创新创业实践。

(二)组织结构与管理流程

组织架构决定了专项资金管理的基本框架和运行机制,科学合理的组织架构能够明确管理职责,优化资源配置,提高工作效率。通常,专项资金管理的组织架构由决策层、管理层和执行层构成。决策层负责制定专项资金的总体方针政策,审议年度预算和重大支出项目;管理层负责拟定具体管理办法,组织项目申报、评审和监督;执行层则承担资金的具体使用和项目实施。三个层级各司其职、相互配合,形成了分工明确、运转高效的管理体系。

在构建组织架构的同时，需要制定严谨的资金分配流程，规范专项资金从申请到下达的全过程管理。资金分配应坚持公开、公平、公正原则，充分发挥专家评审机制的作用。资金分配可分为项目征集、形式审查、专家评审、立项决策、结果公示等环节。在项目征集阶段，要面向全体创业大学生发布指南，明确支持方向和申报条件；在形式审查阶段，要严格审核申报材料，剔除不符合要求的申请；在专家评审阶段，要组建高水平评审委员会，从创新性、可行性、示范带动作用等方面进行综合打分；在立项决策阶段，要根据评审结果和当年预算额度，合理确定立项项目；在结果公示阶段，要及时向社会公开资助决定，接受群众监督。整个流程环环相扣、有序进行，保证了专项资金分配的规范性和有效性。

基于精简、高效、协同原则设计组织架构，是专项资金发挥效用的重要前提。组织架构应与资金管理的任务性质和规模相匹配。可以考虑设置专门的项目管理办公室，汇聚跨部门力量，提高协同效率。同时，要建立健全内部授权和监管机制，加强对关键岗位的制约和监督，防范权力过度集中的风险。组织架构还应保持一定的弹性，根据形势变化和工作需要及时调整，引入竞争机制，激发内生动力。只有持续优化组织架构，强化制度约束，才能为专项资金的有效使用提供坚实保障。

资金分配流程的制度化、规范化不容忽视。相关流程和要求应以正式文件形式固化下来，使之成为长效机制。分配流程中的时间节点、配套表格、评分规则、公示渠道等都应标准化，便于统一管理和监督。分配结果应严格按照程序和标准产生，保持决策过程公开透明。分配流程还应与绩效管理相挂钩，对专项资金使用成效进行绩效评价，作为后续支持的重要依据。

（三）监管与风险控制

建立专项资金监管制度和风险防范机制是保障“互联网＋”大学生就业创业工作高效开展的关键环节。资金监管制度需要明确监管主体、监管对象、监管内容和监管方式，形成“事前预防、事中控制、事后评估”的全过程监管闭环。事前预防是指在专项资金分配之前，对申请主体的资质、项目的可行性等进行严格审查，防范资金被挪用或浪费的风险；事中控制是指在资金使用过程中，通过定期检查、抽样调查等方式，及时发现并纠正违规行为，确保资金使用合理合规；事后评估则是指在资金使用完毕后，对其使用效果、目标达成情况进行全面评估，为下一步资金分配提供依据。

风险防范机制的构建需要从制度、技术、人员等多个维度入手。在制度层面，要建立健全资金管理、项目审批、绩效考核等各项规章制度，明确责任主体和追责机制，强化制度的权威性和执行力。在技术层面，要充分利用大数据、人工智能等现代信息技术，提高资金监管的精准性和时效性。例如，可以搭建“互联网+”创业项目大数据平台，实现对项目运行情况的实时监测和动态预警。在人员层面，要加强监管队伍建设，提升其专业素质和职业操守。

二、拓宽“互联网+”大学生就业创业资金来源渠道

(一)政府资助与补贴策略

各级政府通过制定系统的财政资助计划和税收减免政策，为大学生创业提供强有力的资金支持和优惠环境。在财政资助方面，中央和地方政府设立了专项创业资金，对处于种子期、初创期的大学生创业项目给予无偿资助或贷款贴息，帮助其度过资金“瓶颈”期。同时，政府还建立了大学生创业担保贷款机制，为优质创业项目提供信用担保，解决融资难题。在税收减免方面，政府出台了一系列税收优惠政策，对大学生创办的小微企业在所得税、增值税等方面给予减免，减轻创业成本负担。

除了直接的资金支持，政府资助和补贴策略还体现在创业服务和创新环境营造上。许多地方政府为大学生创业项目提供免费或低价的场地、设备和专业化服务，建立大学生创业孵化基地，完善创业服务体系。同时，政府积极推动产学研合作，鼓励高校、科研院所与企业开展协同创新，为大学生创业提供技术支撑和智力支持。高校通过搭建各类创新创业大赛、交流活动平台，营造浓厚的双创文化氛围，激发大学生的创新创业热情。

(二)创业投融资和众筹机制

搭建“互联网+”大学生就业创业的投融资和众筹机制，是实现创业资金多元化、社会化的有效途径。在互联网时代，大学生创业项目可以利用众筹平台，向社会大众募集启动资金，获得创业初期的资金支持。

为了更好地发挥互联网众筹在大学生创业中的作用，高校应积极搭建线上线下相结合的众筹平台。线上平台要充分利用互联网技术，为创业项目提供信息发布、在线交互、在线支付等功能，方便社会大众参与众筹；线下平台要定期举办项目路演、创业沙龙等活动，为创业者提供面对面交流、展示的机会。同时，高校应

加强对创业项目的遴选和培育，确保上线项目的质量，提高众筹成功率。

互联网投融资方面，高校可以携手知名投资机构，共建大学生创业投资基金。这些基金以市场化方式运作，重点投资于大学生创业企业，为其提供股权投资、债权投资等多元化的融资服务。高校要发挥自身的人才优势和科研优势，为投资机构提供优质的投资项目，提升基金的投资收益。同时，高校可以为创业者提供投融资培训、投资策划等服务，帮助其提高融资能力，拓宽融资渠道。

除了众筹和投融资，高校还应积极探索互联网时代下的其他创新资金支持方式。例如，引导大学生创业项目对接知名企业，获得企业的天使投资；鼓励校友、社会贤达设立创业基金，对优秀创业项目给予资助；发动全校师生参与创业项目众包，以劳务、智力等形式提供支持。这些创新举措能够充分调动社会资源，形成多方联动、协同支持大学生创业的生动局面。

三、完善“互联网＋”大学生就业创业资金使用管理办法

（一）制订资金使用规范

制订资金使用规范是确保“互联网＋”大学生就业创业专项资金发挥最大效用的关键举措。

规范应明确资金支持的创业项目类型、发展阶段以及具体的使用范围和标准。例如，可以规定资金重点支持互联网、大数据、人工智能等领域的创新型创业项目，侧重扶持初创期和成长期的创业团队。同时，资金的使用应聚焦于创业场地租赁、设备购置、人才引进、技术研发等方面，切实帮助创业团队突破发展“瓶颈”。

在制订资金使用规范时，应充分考虑不同创业项目的特点和需求，采取差异化的支持策略。对于处于种子期的创业项目，可以适当降低资金使用门槛，给予更多的启动资金支持；对于进入快速成长期的创业项目，则应加大资金投入力度，助力其做大做强；对于已具备一定规模和影响力的创业项目，资金支持可以更多地向孵化服务、市场拓展等方面倾斜。只有因项目制宜，精准施策，才能最大限度地发挥专项资金的引导和带动作用。

在制订资金使用规范时，应对资金使用的申请、审批、拨付等环节进行严格规定，建立健全相关工作流程和监管机制。在申请阶段，要明确资金支持的条件和标准，引导创业团队提交高质量的申请材料；在审批阶段，要组建跨部门、跨领域

的评审专家组，对申请项目进行严格筛选和论证；在拨付阶段，要根据项目进展分阶段拨付资金，建立资金使用的考核评估机制。对资金使用全流程进行规范管理，可以有效地提高资金分配的科学性、公正性和实效性。

（二）推行项目审计与评估

对资金使用项目进行全面、客观、公正的审计与评估，不仅能够及时发现资金使用中存在的问题，提出整改建议，还能够科学地评估资金使用效益，为后续资金投入提供决策参考。这对于提高资金使用透明度、防范资金使用风险、优化资金配置以及促进"互联网＋"大学生就业创业工作持续健康发展具有重要意义。

项目审计主要对资金使用的真实性、合规性、效益性等方面进行独立、客观的监督和检查。通过查阅项目申报材料、财务凭证、业务合同等资料，实地走访调查项目执行情况，审计人员可以全面了解资金使用情况，评估其是否符合预算安排、管理规定和目标要求。同时，审计人员要重点关注资金使用效益，分析资金投入与项目产出之间的匹配度，评判资金使用的经济性、效率性和效果性。审计结果不仅要反馈给资金管理部门，推动管理改进，也要向社会公开，接受公众监督。

在审计基础上，还要开展科学的项目评估。采用定性与定量相结合的评估方法，多维度、全方位评判项目实施成效。评估指标体系应涵盖项目的预期目标达成度、带动就业创业效应、服务对象满意度、可持续影响力等方面。收集大学生创业数据，开展问卷调查访谈，听取多方意见建议，形成客观全面的评估结论。评估结果应作为后续资金安排、项目优化的重要参考，并以适当方式向各利益相关方反馈，形成工作闭环。对于评估结果优良的项目，要总结推广其经验做法；对于达不到预期目标的项目，要及时采取有针对性的改进措施。

建立常态化的绩效评估机制，可以促进资金使用与项目运作持续优化。定期组织开展绩效评估，持续跟踪项目长期效益，将评估结果与后续资金支持相挂钩，构建奖优罚劣的正向激励机制。同时，整合大数据分析手段，及时采集项目动态信息，开展跟踪分析评估，为科学决策提供有力支撑。另外，协同第三方专业评估机构参与，引入外部视角，提高评估的专业性和客观性。鼓励和支持针对资金使用绩效开展课题研究，深入总结规律特点，研究解决新情况、新问题，促进资金绩效管理与时俱进。

（三）动态调整与反馈机制

建立"互联网＋"大学生就业创业资金管理办法的动态调整与反馈机制，是保障资金使用效益、促进资金规范管理的关键举措。面对社会经济环境、就业创业形势的快速变化，资金管理办法必须及时作出相应调整，以适应新的发展需求。同时，建立有效的制度反馈过程，能够及时发现并纠正资金使用中存在的问题，不断优化资金管理方式。

动态调整机制要求相关管理部门密切关注“互联网＋”大学生就业创业的最新动向，深入分析资金使用效果与存在的不足，据此及时修订完善资金管理办法。一方面，要根据创新创业教育发展、产教融合发展等方面的新进展，调整资金投入的重点领域和支持方式，加大对新业态、新模式的扶持力度；另一方面，要结合资金使用绩效评估结果，优化资金分配机制，提高资金使用的针对性和有效性。

制度反馈机制的建立需要畅通多元化的信息反馈渠道，广泛听取高校、企业、大学生等各方主体的意见和建议。可以通过问卷调查、座谈走访、网络平台等形式，收集对资金管理办法的反馈意见，全面了解资金使用中存在的困难和问题。在此基础上，管理部门要认真研究分析反馈意见，判断问题成因，制定切实可行的改进措施，并以适当方式及时回应相关诉求。同时，要注重发挥大学生的主体作用，鼓励其积极参与资金管理办法的完善过程。一方面，要充分尊重和采纳大学生的意见建议，提升政策制定的针对性和接受度；另一方面，要加强对大学生的政策宣传解读，引导其正确理解和运用相关政策，提高资金使用效益。

四、加强“互联网＋”大学生就业创业资金使用监督

（一）构建在线监督平台

传统的资金监管模式存在信息不对称、监管滞后等问题，难以适应“互联网＋”大学生就业创业工作的需要；而在线监督平台则能够充分发挥互联网的优势，实现资金使用情况的实时监控、动态跟踪和精准分析，有效提升资金监管的针对性和有效性。

在线监督平台的构建应坚持以数据为驱动、以需求为导向的基本原则。搭建资金管理信息系统，将各类资金的申请、审批、拨付、使用等环节纳入统一平台，实现数据的集中采集、存储和处理。同时，平台应嵌入大数据分析、可视化呈现等功能模块，借助云计算、人工智能等先进技术，多维度、动态化地展示资金使用全过程，为精准监管提供数据支撑。

在线监督平台的设计和运行还应体现以人为本、注重体验的理念。平台界面

应简洁友好、操作便捷,满足不同层级监管主体的使用需求。同时,平台应充分尊重师生的隐私权和知情权,在数据采集、共享过程中严格遵守相关法律法规,切实保障信息安全。

在线监督平台的应用将极大地提升"互联网+"大学生就业创业资金监管的信息化、智能化水平。通过平台,高校管理者能够及时掌握资金使用动向,发现并纠正违规行为;师生群体能够便捷地查询资金使用情况,积极参与监督;社会各界能够了解资金使用成效,有效防范廉政风险。随着在线监督平台的不断完善,资金使用的阳光化、规范化水平将持续提升,为"互联网+"大学生就业创业工作提供更加坚实的资金保障。

(二)刚性约束与激励机制

完善的法律法规体系是规范资金使用行为、防范资金风险的重要保障。制定专门的法律条文,明确资金使用的基本原则、操作规范和违规处罚措施,可以有效约束资金使用主体的行为,提高资金使用的规范性和安全性。例如,在资金申请、审批、拨付等关键环节,法律法规对申请条件、审批流程、拨付方式等进行严格规定,确保资金使用全过程受到有效监管。同时,法律责任条款的设置,使违规行为付出沉重代价,形成有力震慑。

科学的激励机制能够调动资金使用主体的积极性,提升资金使用绩效。合理的激励政策,可以引导资金流向优质项目,吸引更多社会资本投入,放大资金使用效应。例如,对于成长性好、带动力强的创业项目,可以在资金扶持力度、配套服务等方面给予倾斜;对于资金使用绩效突出的单位和个人,可以通过表彰奖励、宣传推广等方式,营造比学赶超的氛围。激励机制的建立,不仅能够提高资金使用效益,还能凝聚各方力量,形成推动"互联网+"大学生就业创业的强大合力。

法律的刚性约束和激励机制并非对立,而是相辅相成、互为补充的。在依法依规开展资金监管的同时,应积极营造鼓励先进、宽容失败的制度环境。只有将二者有机结合,才能在防控风险和提高效益之间取得平衡,从而为"互联网+"大学生就业创业资金的有效使用提供坚实的制度保障。

五、建立"互联网+"大学生就业创业资金绩效评估体系

(一)绩效评估的指标体系建立

科学、合理的指标体系能够全面反映资金使用的效果和效益,为资金管理提

供重要依据。构建绩效评估指标体系需要遵循系统性、有针对性、可操作性等原则，综合考虑资金使用的各个环节和领域。

从投入层面来看，绩效评估指标体系应涵盖资金投入的规模、结构和效率等方面。具体可包括专项资金总额、各类别资金占比、单位创业项目资金投入强度等指标，以评估资金投入的充分性和合理性。同时，要重点考察资金是否聚焦于重点领域、重点项目以及资金使用效率如何，以判断资金配置的针对性和有效性。

从过程层面来看，绩效评估指标体系应关注资金使用的规范性、公平性和便捷性。这就要求设置资金申请与审批流程合规性、资金发放及时性、项目监管到位性等指标，确保资金使用全过程依法合规、公平公正，提高资金使用的精准度和时效性。同时，要评估资金使用的信息化、智能化水平，以减少人为干预，提升资金使用的透明度和便捷度。

从产出层面来看，绩效评估指标体系应聚焦于资金使用所带来的直接成果。可通过设置创业项目立项数量、培育孵化项目数量、带动就业人数、创业成功率等指标，量化评估资金投入所产生的“硬”产出。这些产出指标直观反映了资金使用效果，是判断资金使用成功与否的关键因素。产出指标的设计要尽可能细化、量化，以提高绩效评估的精准性。

从效益层面来看，绩效评估指标体系应关注资金使用带来的综合效益和长远影响。可纳入大学生创业能力提升度、创业创新氛围改善度、高校创新创业教育水平提升度等指标，评估资金使用对于大学生创新创业综合素质、创业环境和创新创业教育的促进作用。同时，要关注资金使用对于带动社会就业、推动经济增长方面的效益，以更宏观的视角审视资金使用成效。

（二）绩效评估的实施流程

绩效评估的实施流程涉及绩效评估的具体操作步骤和评价方法的确定，对确保资金使用的有效性和科学性具有重要意义。在设计绩效评估实施流程时，需要充分考虑高校“互联网＋”大学生就业创业工作的特点，遵循科学、客观、公正的原则，构建起系统、规范、可操作的评估体系。

绩效评估实施流程通常包括确定评估对象和内容、制定评估指标体系、选择评估方法、收集评估数据、分析评估结果、反馈评估信息等环节。在确定评估对象和内容时，要紧密围绕高校“互联网＋”大学生就业创业资金使用的核心目标，重点关注资金投入的经济性、效率性和效益性。评估指标体系应该涵盖投入、过程、产出、效果等多个维度，既要考察资金的数量投入，也要注重资金使用的质量和效益。在选择评估方法时,可以综合运用定性和定量分析、横向和纵向对比等多种手段,确保评估结果的全面性和准确性。

收集评估数据是绩效评估的基础性工作。高校应建立健全的资金使用档案和信息管理系统,及时、准确、完整地记录资金的申请、审批、拨付、使用等各个环节的数据,为绩效评估提供可靠的基础资料。在分析评估结果时,要运用科学的统计方法和分析工具,深入挖掘数据背后隐藏的问题和趋势,形成客观、中肯的评估结论。评估结果不仅要用于考核资金使用的绩效,而且要作为优化资源配置、改进管理措施的重要依据。

绩效评估结果的反馈与运用是评估工作的最终目的。高校应建立绩效评估信息反馈机制,将评估结果及时传递给相关部门和个人,促进其主动优化和改进工作。对于绩效评估中发现的问题,要及时采取整改措施,健全制度,提高资金使用的规范性和安全性。对于资金使用绩效突出的单位和个人,要给予表彰和奖励,发挥示范引领作用,营造良性竞争的氛围。

绩效评估要建立定期与不定期相结合的实施机制。定期评估一般按照年度或学期进行,对资金使用情况进行全面梳理和总结。不定期评估则根据工作需要和特定事项及时开展,对资金使用中出现的苗头性、倾向性问题进行快速诊断和反馈。两种评估机制相互补充,构成了常态化的绩效评估运行模式。

高校应注重绩效评估结果的公开和透明。一方面,要通过校内外网站、公告栏等渠道,主动公开绩效评估的标准、流程和结果,接受师生员工和社会各界的监督;另一方面,要建立健全信息沟通和反馈渠道,及时回应师生关切,解疑释惑,提高绩效评估工作的认可度和公信力。

第三节　强化监督评估机制

一、建立“互联网+”大学生就业创业监督评估工作机制

(一)明确监管责任和流程

在“互联网+”时代背景下,大学生就业创业面临新的机遇和挑战,相关政策的制定和落实需要更加科学、规范和高效。为此,相关部门应建立健全监督评估工作机制,明确各方职责,优化工作流程,确保政策执行的精准性和有效性。

第一，明确监督评估的主体和对象。监督评估工作应由教育部、人力资源社会保障部等部门协同推进，同时引入第三方评估机构，增强监督的独立性和客观性。评估对象则应涵盖“互联网＋”大学生就业创业政策的各个环节，包括政策制定、宣传解读、资金投入、项目实施、效果评价等。第二，健全监督评估的标准和指标体系。根据“互联网＋”大学生就业创业工作的特点，制定科学合理的评估指标，全面反映政策实施的过程和结果。第三，创新监督评估的方式和手段。充分利用互联网、大数据等新技术，构建线上线下相结合的监测体系，实现评估数据的动态更新和实时反馈。同时，注重收集基层干部和服务对象的意见建议，开展多层次、多角度的评估。第四，强化监督评估结果的反馈和运用。及时将评估情况向政策制定部门进行反馈，为政策优化完善提供依据。对于执行效果好、成效显著的做法和经验，要总结推广；对于存在偏差、问题突出的环节，要及时预警纠偏。同时，要加大评估结果的公开力度，接受社会监督，提高工作透明度。

（二）构建跨部门联动评估体系

现代大学生就业创业已不再局限于某一特定领域，而是呈现出涉及教育、经济、科技、社会等多个维度的复杂性特征。这就要求监督评估工作必须突破传统的条块分割模式，实现多部门、多层级的协同配合。

建立健全由教育部、人力资源社会保障部、财政部等部门组成的联席会议制度，是推动跨部门联动评估的关键环节。联席会议不仅能够加强各部门之间的信息共享与工作协调，消除监管盲区和政出多门现象，也能整合各个方面的资源，形成监督评估工作的整体合力。在联席会议框架下，各部门应明确分工、各司其职，构建起权责明晰、流程顺畅的协作机制。

制定统一的监督评估标准和指标体系，是实现跨部门联动的重要基础。各部门要立足自身职能，深入研究“互联网＋”大学生就业创业的特点规律，凝聚共识、协调立场，共同制订科学合理、可操作性强的评估标准。

探索建立跨部门数据共享平台，是提升监督评估效率的有效途径。大数据时代为跨部门协同提供了技术支撑，教育部、人力资源社会保障部等部门应加快数据资源的汇聚融通，打破“信息孤岛”，实现数据的互联互通。通过共享平台，各部门能够及时掌握大学生就业创业动态，做到有的放矢。大数据分析还能预警风险隐患，为精准监管提供决策支持。数据要素的充分流动，将极大提升监督评估工作的时效性和科学性。

构建跨部门联动评估体系，需要各相关主体将监督评估作为一项系统工程来抓。既要发挥政府部门的主导作用,加强统筹协调、健全制度规范,又要调动高校、企业等的积极性,引导其参与评估全过程,共建共享。同时,要注重发挥社会组织和专业机构的第三方评估作用,提高评估工作的客观性和公正性。唯有如此,才能形成教育、管理、服务、保障相结合的多元协同格局。

二、加强"互联网+"大学生就业创业监督评估信息化建设

(一)建立监督平台数字化平台

利用网络技术建立监督评估数字化平台,是实现"互联网+"大学生就业创业数据实时监控的重要举措。在信息化时代,数据已成为最宝贵的资源之一。建设数字化平台,可以全面、动态地采集大学生就业创业过程中产生的各类数据,如就业率、创业成功率、就业满意度等关键指标,为精准把握就业创业工作成效提供可靠依据。同时,数字化平台能够实现数据的集中管理和智能分析,通过数据挖掘技术发现其中蕴含的规律和趋势,为科学决策提供有力支撑。

监督评估数字化平台的建设需要从多个层面入手。一是构建完善的数据采集体系。利用云计算、物联网等先进技术,在就业创业各个环节布设传感器和数据采集终端,实现数据的自动采集和实时传输。二是建立统一的数据管理系统。制定科学的数据标准和质量控制流程,确保采集到的数据真实、准确、完整。三是开发智能化的数据分析工具。运用大数据、人工智能等前沿技术,对海量数据进行深度挖掘和多维度分析,揭示其内在联系和发展规律。四是搭建可视化的数据展示平台。通过图表、地图、仪表盘等直观形式,将分析结果清晰地呈现出来,方便决策者快速把握就业创业工作的整体态势。

监督评估数字化平台的价值不仅在于实现数据的实时监控,还在于为精准施策提供科学依据。通过平台采集到的数据,可以准确评估各项就业创业政策措施的实施效果,发现存在的问题和不足,为及时调整完善政策提供可靠依据。同时,数据分析能够揭示不同群体、不同区域在就业创业方面的特点和需求,有针对性地制定帮扶措施,提高资源配置的精准性和有效性。数字化平台还是促进部门协同、提升治理效能的有力抓手。数据共享和业务协同,可以打破部门壁垒,实现就业创业工作的一体化推进,提高服务水平和管理效率。

(二)实施大数据分析

大数据分析是运用先进的数据挖掘算法和模型,对海量数据进行分析和处

理，从中发现隐藏的模式、关联和趋势，从而为决策提供有力支持的技术。将大数据分析应用于高校大学生就业创业监督评估领域，能够有效克服传统监督评估工作中存在的信息不对称、数据零散、分析滞后等问题，为科学评估就业创业项目绩效、优化资源配置提供重要依据。

高校可以利用大数据平台，整合大学生就业创业相关数据，如毕业生就业率、创业率、就业质量、创业成功率等，建立多维度的监督评估指标体系。通过数据挖掘和关联分析，高校可以深入洞察不同专业、不同地域、不同群体的大学生就业创业现状和特点，识别影响就业创业的关键因素，为精准施策提供参考。

大数据分析能实现对大学生就业创业动态的实时监测和预警。通过跟踪毕业生职业发展轨迹，分析其所在行业、岗位的变化趋势，高校可以及时发现就业市场的新动向和风险隐患，从而调整就业创业指导和服务策略。对于创业项目，大数据分析可以判断其市场前景和成长潜力，对高风险项目进行预警提示，降低创业失败率。

借助大数据分析能优化监督评估流程，提高评估效率和精度。传统的问卷调查、走访座谈等方式费时费力，样本有限，难以全面反映就业创业真实情况。而基于大数据的网络问卷、在线访谈、社交媒体分析等方式，可以低成本、高效率地收集海量数据，通过智能分析算法快速形成评估结果，大幅提升监督评估的信度和效度。

（三）云计算优化资源运用

云计算通过将计算资源、存储资源、软件资源等以服务的方式提供给用户，大幅降低了信息系统的建设和维护成本，提高了资源利用效率。在监督评估信息系统中引入云计算技术，可以有效保障系统的高效运行和安全稳定。

云计算最显著的优势在于其强大的计算能力和海量的存储空间。构建基于云计算的监督评估信息系统，可以轻松应对海量数据的采集、存储、分析和处理。利用云平台提供的分布式计算框架，可以实现数据的并行处理和实时分析，大大提升系统的响应速度和处理效率。同时，云存储技术能够提供安全可靠、弹性扩展的存储空间，有效满足数据快速增长的需求。

云计算具有资源弹性伸缩、按需服务、高可用性等特点，能够保障监督评估信息系统稳定运行。利用云平台的资源动态调度机制，可以根据系统负载的变化，自动调整计算、存储等资源的配置，实现资源的合理分配和高效利用。云服务提供商通常采用多副本容错、数据备份、故障自动迁移等机制，能够最大限度地减少因硬件或软件故障导致的系统宕机时间，提供持续稳定的服务。

云计算能够有效地降低监督评估信息系统的建设和运维成本。利用云平台提供的基础设施服务、平台服务和软件服务，可以避免大量硬件设备的采购和维护，减少系统开发和部署的时间和精力。利用云服务的弹性计费模式，可以根据实际使用情况动态调整资源，有效避免资源的浪费和闲置，降低总体拥有成本。

在数据安全和隐私保护方面，云计算提供了可靠的解决方案。云平台采用了多层次、全方位的安全防护体系，包括身份认证、访问控制、数据加密、安全审计等，能够有效地防范各种安全威胁，保护敏感数据不被非法访问和泄露。利用数据脱敏、数据分片等技术，可以在保护隐私的同时实现数据的共享和利用。

三、强化“互联网+”大学生就业创业监督评估结果应用

（一）评估结果反馈政策的制定

将“互联网+”大学生就业创业项目监督评估的结果反馈到政策制定中，是优化和调整相关政策的重要依据。通过科学合理的评估，决策部门可以全面客观地了解政策实施的实际效果，发现其中存在的问题和不足，为下一步完善政策提供有力支撑。

评估结果能够反映现有政策在助推“互联网+”大学生就业创业方面的针对性和有效性。通过对多个项目的综合评估，决策部门可以分析政策的覆盖面、受益群体、实施难度等，判断其是否符合大学生的实际需求和就业创业规律。如果评估结果显示政策的供给和需求存在偏差，或者政策实施的成本收益比较低，决策部门就要及时调整完善，以更加精准有效的举措来支持“互联网+”大学生就业创业。

评估结果能揭示不同类型、不同区域“互联网+”大学生就业创业项目实施的差异和不平衡性。通过横向比较分析，相关部门可以找出成效显著的优秀典型和滞后的薄弱环节，总结推广好的经验做法，有针对性地改进落实不力的方面。这有助于在更大范围内推动资源共享、优势互补，促进区域间、群体间就业创业均衡发展，让政策红利惠及更多大学生群体。

将评估结果用于政策改进，关键在于建立常态化的沟通反馈机制。评估要形成“评估—反馈—再制定—再评估”的改进闭环。主管部门要高度重视评估成果，将其作为政策论证、决策部署的重要议题，充分吸收借鉴评估中的意见建议。同时，要建立政策实施的跟踪问效机制，督促评估成果的落地转化，推动形成评估优化政策、政策指导实践的良性互动。

评估结果运用的实效性取决于评估工作本身的科学性和严谨性。评估主体要

秉持客观公正的原则，运用科学专业的理论方法，全面收集翔实的一手数据，力求得出真实可信的评判性结论。要综合运用定量和定性分析，既关注“互联网+”大学生就业创业项目在速度和规模上的增长，也关注其在质量效益上的提升。要听取多方声音，广泛吸纳大学生、创业企业、服务机构等各利益相关方的感受和诉求。

(二)评估结果公开透明

面向社会公开透明是增强监督评估工作公信力和接受度的关键举措。在“互联网+”时代背景下，高校促进大学生就业创业的监督评估工作更需要接受社会各界的广泛监督。只有主动公开评估工作的全过程和结果，接受社会的质询和建议，才能真正体现评估工作的客观性和公正性，赢得社会各界的信任和支持。

高校应充分利用互联网平台，及时发布监督评估工作的相关信息，包括评估指标体系、评估程序、评估结果等，保障公众的知情权和参与权。同时，高校应建立健全信息公开和反馈机制，畅通社会各界参与监督评估工作的渠道。例如，可以通过网上征集意见、开展满意度调查等方式，广泛听取社会公众对评估工作的意见和建议，并及时地予以回应和改进。

面向社会公开透明要求高校以开放包容的态度对待社会监督。评估工作难免会遇到质疑和批评，高校应以积极正面的心态看待这些声音，虚心听取、认真分析，找出工作中存在的不足，不断改进完善。

高校在推进监督评估工作社会化、透明化的同时，要注重保护相关当事人的隐私和权益。在信息公开过程中，要依法依规做好个人信息保护，避免因信息泄露而损害当事人利益。同时，还要防止公开透明沦为形式主义，确保公开的信息真实、准确、有效，切实发挥监督作用。

四、促进社会参与“互联网+”大学生就业创业监督评估

(一)加强与社会组织合作

行业协会和非政府组织积极参与“互联网+”大学生就业创业监督评估活动，是发挥社会力量、推动监督评估机制完善的重要举措。作为第三方力量，行业协会和非政府组织能够提供专业化、多元化的视角，提升监督评估工作的客观性和公正性。

行业协会会集了相关领域的企业、专家和从业人员，他们对“互联网+”就业创业生态有着深刻理解。他们能够从产业发展趋势、人才需求特点等维度，对大

学生就业创业项目的可行性、创新性进行评判，提出切实可行的改进建议。同时，行业协会可以发挥资源整合优势，为优秀项目提供技术支持、市场推广等服务，帮助其快速成长。这种“专业领域+市场资源”的助力，将极大提升“互联网+”大学生创业的成功率和可持续性。

非政府组织长期扎根基层，与大学生群体有着密切联系，熟悉他们在就业创业过程中面临的困难和诉求。在监督评估中引入非政府组织，能够真实反映大学生的所思所想。同时，非政府组织可以发挥舆论宣传功能，通过组织论坛、开展培训等方式，营造有利于“互联网+”就业创业的社会氛围，为大学生提供交流分享平台。

引入行业协会和非政府组织参与监督评估，有助于推动政府、高校、社会协同联动。一方面，第三方机构的介入能够监督政府和高校落实支持政策的情况，提高工作效率和服务水平；另一方面，政府和高校可以通过购买服务等方式，充分发挥社会组织的专业优势，实现优势互补、资源共享。这种多元主体合作共治的机制，将从制度层面保障“互联网+”就业创业工作有序开展。

（二）提倡企业社会责任

鼓励企业积极地参与到高校大学生就业创业项目的监督评估中，不仅有助于提高项目实施的针对性和实效性，还能够促进高校人才培养与企业需求的精准对接。企业作为人才需求的直接方，对大学生就业创业能力有着切身的感受和独到的见解。引入企业视角参与监督评估，能够及时发现项目实施中存在的不足，提出改进的建议和对策。同时，企业参与能够为高校提供最新的行业发展动态和人才需求信息，帮助高校更新教学内容，优化人才培养方案，提升人才培养的适应性和前瞻性。

企业参与监督评估的形式可以多种多样，既可以通过问卷调查、访谈座谈等方式提供反馈意见，也可以派遣企业导师深度参与项目实施全过程。例如，在创业教育与指导环节，企业创业导师可以与高校教师合作，为大学生提供创业案例分析、创业计划撰写等方面的指导，传授创业实战经验；在创新创业实践环节，企业可以为大学生提供实习实践岗位，让大学生在真实的企业环境中锻炼能力，积累经验。这种校企协同育人的模式，不仅能提高大学生的就业创业能力，也能为企业培养和储备优秀的人才。

企业参与监督评估需要高校的积极引导和政策支持。高校应该主动邀请企业参与，为企业参与提供必要的平台和渠道。同时，高校应该建立健全企业参与的激励机制，调动企业参评的积极性。例如，对于参评积极、建言独到的企业，高校可以在人才招聘、项目合作等方面给予优先支持；对于在大学生实习实践、就业指导等方面表现突出的企业，高校可以授予“优秀实践基地”等荣誉称号，提升企业的社会影响力和美誉度。

（三）拓宽民众参与渠道

面对日益复杂的社会环境和不断变化的就业形势，仅依靠政府和高校的力量已难以全面促进大学生就业创业工作。广泛吸纳社会力量参与其中，建立多元协同的工作机制，已成为新时期推动“互联网+”大学生就业创业的必然选择。在这一过程中，拓宽民众参与渠道，充分调动社会各界的积极性和创造力，对于完善就业创业政策、优化人才培养模式、营造良好发展环境具有重要意义。

网络投票是一种便捷高效、广泛普及的民意表达方式。通过在线平台发起就业创业相关议题的投票，可以广泛收集社会公众对于相关政策和举措的意见建议，全面了解不同群体的诉求和期待。这种直接、民主的参与方式有助于增强政策制定的针对性和有效性，提升社会公众的获得感和认同感。同时，网络投票过程本身就是一种宣传教育的过程，能够引导公众加深对“互联网+”就业创业的理解和思考，形成理性、客观的社会舆论氛围。

开展线上线下相结合的意见征集活动，能够全面、立体地反映社会各界的真实声音。线上意见征集可借助网站、App等渠道，通过文字、图片、音频、视频等多种形式，鼓励公众畅所欲言、建言献策；线下意见征集则可通过座谈会、研讨会、听证会等方式，邀请不同领域的专家学者、行业代表、基层工作者等，围绕特定主题进行深入研讨和交流。线上线下相结合的方式既能扩大参与范围，又能提升参与深度，为科学决策提供更加丰富、可靠的依据。

鼓励社会各界通过提交书面建议、参与公开听证等方式，针对“互联网+”大学生就业创业中出现的重点难点问题提出意见和建议，有助于拓宽民众参与渠道。相关部门和高校应建立健全意见采纳反馈机制，对合理化建议予以充分吸收和采纳，并及时向提议者反馈结果，提高公众参与的积极性和获得感。对于涉及面广、影响深远的重大决策，还可以通过召开听证会的方式，邀请利益相关方代表、社会公众代表参与，在平等交流、充分说理的基础上达成共识，保障决策的科学性、民主性。

参考文献

[1]朱晓艳，胡鹤泷，梁阿妮.新时期大学生就业创业能力提升策略探究[M].北京：线装书局，2023.

[2]张姣姣，王玲芝.大学生创新创业与人才培养模式研究[M].北京：中国农业出版社，2022.

[3]官淑瑰，张英泽，苏新民.大学生创新创业基础[M].苏州：苏州大学出版社，2022.

[4]邓峰.基于创新思维的大学生创新创业能力培养研究[M].北京：北京工业大学出版社，2022.

[5]陶媛媛.职业生涯规划引导下大学生就业创业指导研究[M].北京：九州出版社，2021.

[6]王海明.就业创业指导与实践[M].重庆：重庆大学出版社，2021.

[7]刘宗庆，邱向英，李恒毅.大学生就业与创业指导[M].北京：中国民主法制出版社，2021.

[8]林燕清，林俊.大学生就业指导[M].北京：中国书籍出版社，2020.

[9]赵子童.当代大学生就业指导与创业教育研究[M].长春：吉林大学出版社，2020.

[10]周刚，张群才.大学生就业指导[M].成都：电子科学技术大学出版社，2020.

[11]王元福.大学生就业创业教育[M].北京：北京理工大学出版社，2020.

[12]颜廷丽."互联网+"背景下大学生创新创业能力培养研究[M].北京：北京理工大学出版社，2020.